Preface 머리말

    중학생들에게 「**영어 시험공부를 하면서 가장 어려웠다고 생각되는 내용은?**」이라는 설문조사를 하면 늘상 1위를 차지하는 대답이 「**영작문**」이다. 사실상 영어에 대한 시간과 노력의 투자가 결코 적지 않았음에도 영어는 항상 누구에게나 어려움의 대상이다. 물론 타국의 언어를 배운다는 것이 그만큼 쉽지 않지만 거기에 더해 효율적인 공부 방법을 찾지 못해서인 경우도 많다.

    효율적인 방법은 목표가 정확할 때 힘을 발휘할 수 있다. 영어는 단순히 듣고 몇 마디 말하는 것으로 정복되는 대상이 아니다. 꾸준히 읽고, 듣고, 말하고, 써보는 과정을 반복하는 것만이 영어를 두려워하지 않게 되는 유일한 방법일 것이다.

    목표를 세우고 효율적인 학습방법을 고민하는 많은 학습자들의 요청에 의하여 등장하게 된 것이 이 책 〈**최강 중학 영작문**〉이다.

    이 책에서는 과거의 작문 문제와 의사소통에 필수적인 문형을 연구하여 자주 출제되는 중요한 문장 중심으로 문법항목을 정리하고 영작해 볼 수 있도록 구성하였다. 그래서 '최소의 학습량으로 최대의 학습 효과'를 얻을 수 있도록 최선을 다했다. 영어는 꾸준히 학습하는 것이 중요하지만 그럼에도 불구하고 이 책을 여러분이 잘 활용한다면 까다로운 영작문도 반드시 극복할 수 있을 것이라고 믿는다. 분명한 목표를 가지고 열정을 다하여 영작문을 공략해 보자.

WG Contents Group

How to use this Book
이 책의 특징과 활용법

모든 영작문의 기초가 될 뿐만 아니라 시험에 꼭 나오는 예문을 선별하여 수록하였으므로 대표 예문은 완벽하게 한국어→영어가 가능할 수 있도록 외워둡니다. 〈최강 중학 영작문〉은 두 페이지를 한눈에 볼 수 있는 구성으로 세 개의 과정으로 되어 있습니다.

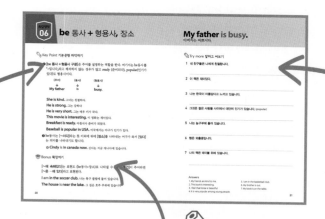

Key Point 기본문형 파악하기
영작에 필요한 중학필수 영문법을 완벽하게 정리한다.

시험에 실제로 출제된 예문 위주로 영작문 문제를 해결하는 데 필요한 키포인트를 제시하며 이해하기 쉬운 설명으로 영작문에 강해지는 노하우를 습득할 수 있습니다.

Try more 말하고 써보기
학습한 내용을 문법과 구문을 활용하여 써본다.

앞에서 학습한 내용을 바탕으로 영작을 해보고 기본적인 어휘들을 문맥 속에서 익혀 보며 서술형 영작문제에 대비할 수 있습니다.

Bonus 확장하기
시험에 자주 나오는 주요표현들을 연습한다.

기본적인 문법 설명에 덧붙여 연관된 문장들과 문법을 수록하여 학습의 효율성을 높이도록 하였습니다. 영어 교과서의 근간을 이루는 표현의 학습으로 실력을 높일 수 있습니다.

Contents 목차

I am a student.

He is a music teacher.

This is a new bag.

It was a fine day.

Mr. Kim is an English teacher.

My father is busy.

01

주어와 **be**동사

I am ~(You are ~)
be동사 am, are

 Key Point 기본문형 파악하기

❶ [나는 ~이다.]는 <I am + 명사>로 표현한다. be동사의 현재형에는 is/am/are 가 있고, 주어가 you나 복수일 때 are를 사용한다.

I am a student. 나는 학생이다.

You are a student. 너는 학생이다.

We are a student. 우리는 학생이다.

인칭	의미	주격	be동사
1인칭	나	I	am
	우리	we	are
2인칭	너	you	are
	너희들	you	are
3인칭	그녀	she	is
	그	he	is
	그것	it	is
	그들	they	are

❷ [나의 이름은 ~입니다.]로 자신을 소개할 때도 사용한다.

I am Minsu. = My name is Minsu.

📦 **Bonus** 확장하기

I am~ 의 확장된 의미도 알아둔다. 특히 [~의 일원이다.]의 표현은 꼭 기억한다.

예 **I am** a member of the reading club. 저는 독서클럽의 일원입니다.

I am in the reading club. 저는 독서클럽에 있습니다.

I am fifteen years old. 저는 열다섯살입니다.

I am a student.
나는 학생입니다.

✎ Try more 말하고 써보기

1 나는 축구 선수이다. (soccer player)

_____

2 나의 이름은 톰(Tom)이다.

_____

3 너는 나의 진정한 친구이다.

_____

4 나는 그 음악 클럽의 일원이다.

_____

5 저는 캐나다에서 왔습니다.

_____

6 저는 중학교 1학년입니다. (middle school)

_____

7 저는 열여섯 살입니다.

_____

Answers

1. I am a soccer player.
2. I am Tom.
3. You are my true friend.
4. I am a member of the music club.
5. I am from Canada.
6. I am in the first year of middle school.
7. I am sixteen years old.

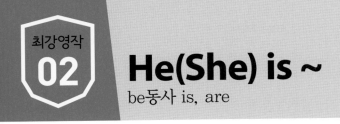

He(She) is ~

be동사 is, are

🔑 Key Point 기본문형 파악하기

❶ [그는 ~입니다.]는 <He is ~.> 로 나타내고, he는 단수인 사람을 가리키므로 [선생님]은 a teacher.이다. 과목은 a와 teacher 중간에 쓰고 이때도 a를 빠트리면 안 된다.

❷ 인칭대명사와 be동사의 줄임말

I am ➜ I'm
You are ➜ You're
She is ➜ She's
He is ➜ He's
It is ➜ It's
We are ➜ We're
They are ➜ They're

📦 Bonus 확장하기

전후 관계 등으로 판단해서 주어를 결정하는 경우에 대비해두면 좋다. 사람일 경우 남자는 he, 여자는 she로 받고 [물건]이나 [동물]을 말하는 [그것은]으로 쓰일 때는 it으로 받는다.

예 **I have a brother. He is a teacher.** 내게는 남동생이 있다. 그는 선생님이다.
  ➜ [남동생]을 받아서 주어는 [그는]으로 한다.

예 **The Earth is a planet. It is beautiful.** 지구는 행성이다. 그것은 아름답다.
  ➜ 지구를 it으로 받았다.

He is **a music teacher.**
그는 음악 선생님입니다.

✎ **Try more** 말하고 써보기

1 그는 내 친구입니다.

_____

2 그녀는 영어 선생님입니다.

_____

3 그녀는 요리를 잘 합니다. **(good cook)**

_____

4 그는 부자입니다.

_____

5 그녀는 예쁘다.

_____

6 그녀는 중학생입니다. **(middle school student)**

_____

7 그는 키가 크고 힘이 세다.

_____

Answers
1. He is my friend.
2. She is an English teacher.
3. She is a good cook.
4. He is a rich man.
5. She is pretty.
6. She is a middle school student.
7. He is big and strong.

This(That) is ~

지시대명사 + is, are

🔑 Key Point 기본문형 파악하기

❶ [이것은 ~입니다.]는 <This is ~.>라고 쓴다. 주로 가까운 물건을 가리키는 말로 사용한다. 떨어진 것을 표현할 때는 <That is ~.>를 사용한다. 이러한 의미의 this와 that을 지시대명사라고 한다.

이것은 ~입니다.	**This is~**
저것은 ~입니다. 그것은 ~입니다.	**That is~ .**

🔹 **This is my umbrella.** 이것은 내 우산이다.
That is a good question. 그것은 좋은 질문입니다.

❷ 명사(a bag)에 형용사(new)가 붙을 때는 <a + 형용사 + 명사>의 어순으로 쓴다.

a new box(새 박스), **a moist cake**(촉촉한 케이크) 등

❸ this의 복수형은 these, that의 복수형은 those이다.

🔹 **These are photos.** 이것들은 사진들이다.

📦 Bonus 확장하기

[이 분은 ~입니다.]와 같이 사람을 소개할 때도 <This is ~.>의 표현을 사용한다.

🔹 **This is my brother.** 이쪽은 제 동생입니다.

This is a new bag.
이것은 새 가방입니다.

✏️ **Try more** 말하고 써보기

1 이것은 그의 노트입니다.

_____

2 저것은 나의 새 책입니다.

_____

3 이분은 저의 아버지이십니다.

_____

4 저것은 우리들의 집입니다.

_____

5 이것은 저의 첫 부산(Busan) 방문입니다.

_____

6 이건 너에게 주는 선물이다. (present)

_____

7 그것들은 위험하지 않다. (dangerous)

_____

Answers

1. This is his notebook.
2. That is my new book.
3. This is my father.
4. That is our house.

5. This is my first visit to Busan.
6. This is a present for you.
7. Those are not dangerous.

17

It is ~

it의 특별용법

🔑 Key Point 기본문형 파악하기

❶ [날씨가 ~하다.]고 말할 때의 주어는 it을 사용하여 It is ~.(~하다.), 혹은 It was ~.(~했다.)로 표현한다. 여기서 it은 [그것은]의 의미가 아니라 [특별용법의 it]이다.

❷ [날씨가 좋다.]는 형용사 fine으로 나타낸다.

> 날씨 표현들) **sunny** 맑은, **cloudy** 구름 낀, **windy** 바람부는, **snowy** 눈 오는, **rainy** 비 오는, **foggy** 안개 낀, **hot** 더운, **cold** 추운, **humid** 축축한

❸ 특별용법의 it는 날씨나 온도, 시간, 사건, 요일/날짜 등 주어가 사람이 아닐 때 다양한 용법으로 사용된다.

날씨	어제는 좋은 날씨였다.	**It was fine yesterday.**
기온	내일은 추울 것입니다.	**It will be cold tomorrow.**
시각	지금 7시 30분입니다.	**It is seven thirty now.**
날짜	8월 6일입니다.	**It is August 6(sixth).**

📦 Bonus 확장하기

[~하는 데 (시간이) … 걸리다.]는 It takes … to ~.

예 **It took twenty minutes to do the work.** 그 일을 하는 데 20분 걸렸다.

It was a fine day.
날씨가 좋았다.

✎ Try more 말하고 써보기

1 날씨가 흐리다.

_____

2 어제는 날씨가 맑고 따뜻했다.

_____

3 오늘은 12월 24일이다.

_____

4 내 시계로는 5시 40분이다.

_____

5 그곳까지 가는 데 2시간 걸린다.

_____

6 나가기에 딱 좋은 날씨이다. (go out)

_____

7 서울에서 버스로 4시간 정도 걸린다. (It takes about ~)

_____

Answers

1. It is cloudy.
2. It was fine and warm yesterday.
3. It is December 24.
4. It is five forty by my watch.
5. It takes two hours to get there.
6. It is such a nice day to go out.
7. It takes about 4 hours from Seoul by bus.

Mr. Kim is ~
3인칭 단수 주어 + is

🔑 **Key Point** 기본문형 파악하기

❶ [···은 ~입니다.]는 <주어 + be동사 + 보어>의 형으로는 주어가 3인칭 단수라면 is를 사용한다. 현재형은 주어에 따라서 is/am/are를 구별하여 쓴다.

The dog is very cute. 그 개는 아주 귀엽다.

❷ 다음에 제시된 명사가 주어로 나오는 문장은 모두 3인칭 단수가 주어이므로 be동사는 is를 사용하고 뒤에는 명사나 형용사가 온다.

주어	~ 입니다.
Tom (= he)	
Mrs. Lee (=she)	
Her birthday (=It)	**is ~.**
Our school (=It)	
Canada (=It)	

📦 **Bonus** 확장하기

the people (그 사람들), Tom and Jerry(톰과 제리), my cats (나의 고양이들)처럼 복수주어일 때의 be동사는 are를 사용한다.

예 **The people are Chinese.** 그 사람들은 중국인입니다.

Mr. Kim is **an English teacher.**
김 선생님은 영어 선생님입니다.

✎ **Try more** 말하고 써보기

1 톰은 학생이다.

_____

2 메리와 존(Mary and John)은 미국인이다.

_____

3 그의 생일은 7월 9일이다.

_____

4 피트 씨는(Mr.Pitt) 수학 선생님이다.

_____

5 빌 게이츠는 백만장자이다. **(millionaire)**

_____

6 한국은 아름다운 나라이다.

_____

7 톰과 제리는 유명한 만화 캐릭터이다. **(cartoon characters)**

_____

Answers

1. Tom is a student.
2. Mary and John are Americans.
3. His birthday is July 9.
4. Mr. Pitt is a math teacher.

5. Bill Gates is a millionaire.
6. Korea is a beautiful country.
7. Tom and Jerry are famous cartoon characters.

be동사 + 형용사, 장소

🔑 Key Point 기본문형 파악하기

❶ <be동사 + 형용사> 구문은 주어를 설명하는 역할을 한다. 여기서는 be동사를 [~입니다.]라고 해석하지 않는 경우가 많고 ready(준비되다), popular(인기가 있다)도 형용사이다.

(주어)	(동사)	(형용사)
↓	↓	↓
My father	**is**	**busy.**

She is kind. 그녀는 친절하다.

He is strong. 그는 강하다.

He is very short. 그는 매우 키가 작다.

This movie is interesting. 이 영화는 재미있다.

Breakfast is ready. 아침식사 준비가 되었다.

Baseball is popular in USA. 미국에서는 야구가 인기가 있다.

❷ be동사는 [~이다.]라는 뜻 이외에 뒤에 **[장소]**를 나타내는 어구가 와서 **[있다.]**는 의미를 나타내기도 한다.

> 例 **Cindy is in Canada now.** 신디는 지금 캐나다에 있습니다.

📦 Bonus 확장하기

[~에 속해 있다.]는 표현도 <be동사+장소>로 나타낼 수 있다. **[물건]**이 주어라면 [~은 …에 있다.]라고 표현된다.

> 例 **I am in the soccer club.** 나는 축구 클럽에 속해 있습니다.
> **The house is near the lake.** 그 집은 호주 근처에 있습니다.

My father is busy.
아버지는 바쁘시다.

✎ Try more 말하고 써보기

1 내 친구들은 나에게 친절하다.

   _____

2 이 책은 재미있다.

   _____

3 나는 한국이 아름답다고 느끼고 있습니다. **(I feel that ~)**

   _____

4 그것은 젊은 사람들 사이에서 대단히 인기가 있습니다. **(popular)**

   _____

5 나는 농구부에 들어 있습니다.

   _____

6 형은 외출 중입니다.

   _____

7 나의 책은 테이블 위에 있습니다.

   _____

Answers
1. My friends are kind to me.
2. This book is interesting.
3. I feel that Korea is beautiful.
4. It is very popular among young people.
5. I am in the basketball club.
6. My brother is out.
7. My book is on the table.

I have a sister.

Our country has a lot of beautiful mountains.

Do you know anything about my country?

I do not have a sister.

02

일반동사

주어와 일반동사

최강영작
07

🔑 Key Point 기본문형 파악하기

❶ 주어가 I일 때는 have, 주어가 he(she)일 때는 has를 쓴다.
[나에게는 ～가 있다.]는 **[나는 ～을 가지고 있다.]**로 이해할 수 있다.

나는   가지고 있다.   언니를
(주어)   (동사)   (목적어) ←**SVO**의 문형이다.

⬇   ⬇   ⬇
I   **have**   **a sister.**

❷ 상태나 동작을 표현하는 동사를 일반동사라고 하고 자주 쓰이는 일반동사는 아래와 같다.

～을 가지고 있다	**have～**	
～을 좋아한다	**like～**	「～를 매우 좋아하다」는 **like ～ very much**
～에 간다	**go to～**	
걸어서 ～에 간다	**walk to ～**	「걸어서 학교에 가다」=「학교까지 걷는다」로 **walk to school**
～에 소속되어 있다	**belong to ～**	
～에 살고 있다	**live in～**	

❸ have는 [기르고 있다.], [먹다.]의 의미도 된다.

고양이를 기르고 있다 ➜ **have a cat**

아침을 먹다 ➜ **have(=eat) breakfast**

📦 Bonus 확장하기

일반동사의 현재형 부정문은 주어가 3인칭 단수가 아니라면 <do not(don't) + 동사의 원형>으로 표현한다.

I have a sister.
저에게는 언니가 있습니다.

✎ **Try more** 말하고 써보기

1 나에게는 좋은 친구가 있습니다.

_____

2 오늘 제가 열이 좀 있어요. **(slight fever)**

_____

3 이번 주말에 제 생일 파티가 있어요.

_____

4 나는 시간이 별로 없다.

_____

5 나는 1주일에 세 번 정도 아침 식사로 사과를 하나씩 먹는다. **(three times a week)**

_____

6 저는 그 그림을 매우 좋아합니다.

_____

7 저는 매주 걸어서 도서관에 갑니다. **(library)**

_____

Answers
1. I have a good friend.
2. I have a slight fever today.
3. I have a birthday party this weekend.
4. I don't have much time.
5. I have an apple for breakfast about three times a week.
6. I like the picture very much.
7. I walk to the library every week.

3인칭 단수형 + has

🔑 Key Point 기본문형 파악하기

❶ 현재형으로 주어가 3인칭 단수인 경우에 주의한다. have의 3인칭 단수 현재형은 has이다.

우리나라는	가지고 있다.	많은 아름다운 산을
(주어)	(동사)	(목적어)
↓	↓	↓
Our country	**has**	**a lot of beautiful mountains.**

❷ 주어가 3인칭 단수(he, she)일 경우 동사의 모양을 바꾸어야 한다.
대부분의 동사는 s를 붙이고 o, s, sh, ch로 끝나는 동사는 -es를 붙인다.

have(가지고 있다)	**has**	**come**(오다)	**comes**
like(즐기다)	**likes**	**speak**(이야기하다)	**speaks**
live(살고 있다)	**lives**	**want**(원하다)	**wants**
miss(그리워하다)	**misses**	**wash**(씻다)	**washes**
go(가다)	**goes**	**teach**(가르치다)	**teaches**

📦 Bonus 확장하기

'자음 + y'로 끝나는 동사는 y를 i로 고치고 -es를 붙이지만 play와 같이 y앞이 모음(a)이라면 그대로 s를 붙인다.

cry ➜ cries	**try ➜ tries**	**study ➜ stuies**
buy ➜ buys	**say ➜ says**	**enjoy ➜ enjoys**

Our country has a lot of beautiful mountains.
우리나라에는 아름다운 산이 많이 있습니다.

✏️ Try more 말하고 써보기

1 그녀는 일본 음식을 굉장히 좋아한다.

_____

2 그 나라는 축구에 열광적이다. (a mania for)

_____

3 톰(Tom)의 삼촌은 캐나다에 살고 있다.

_____

4 형은 일 때문에 중국에 가는 일이 많다.

_____

5 그녀는 짬짬이 피아노를 가르친다. (in her spare time)

_____

6 신디(Cindy)는 혼자 있고 싶어한다.

_____

7 그는 영어를 아주 잘한다.

_____

Answers

1. She likes Japanese food very much.
2. The country has a mania for soccer.
3. Tom's uncle lives in Canada.
4. My brother often goes to China on business.
5. She teaches piano in her spare time.
6. Cindy wants to be alone.
7. He speaks English quite well.

일반동사 의문문

🔑 Key Point 기본문형 파악하기

❶ 일반동사의 현재형 의문문은 앞에 'Do'를 붙인다. 주어가 3인칭 단수라면 <Does + 주어 + 동사의 원형~?>으로 표현한다.

> 예 **Does she think she is tough?** 그녀는 자신이 강인하다고 생각할까?

❷ Do you know~? 표현이 많이 사용되므로 알아둔다. 이 표현은 간접의문문 등에서 자주 사용된다.

Do you know~? 당신은 ~을 알고 있습니까?

Do you want to~? 당신은 ~하고 싶습니까?

Do you write~? 당신은 ~을 씁니까?

Do you have~? 당신은 ~을 가지고 있습니까?

🎁 Bonus 확장하기

Do(Does)~? 의 질문에는 Yes나 No로 대답한다.

• 긍정일 경우 : **Yes, I(you, we, they) do.**
Yes, he(she) does.

• 부정일 경우 : **No, I(you, we, they) don't.**
No, he(she) doesn't.

Do you know anything about my country?

너희들은 나의 나라에 대하여 뭔가 알고 있니?

✎ Try more 말하고 써보기

1 도서관에 가는 길을 알고 있습니까?

_____

2 집까지 태워줄까?

_____

3 제가 유명해질 거라는 건가요? (Does this mean ~)

_____

4 당신은 자주 그녀에게 편지를 씁니까?

_____

5 그녀는 시 쓰는 것을 좋아하니? (poetry)

_____

6 성공한 가수가 되고 싶으십니까? (successful singer)

_____

7 그는 디지털 카메라가 있니?

_____

Answers

1. Do you know the way to the library?
2. Do you need a ride home?
3. Does this mean I'm going to be famous?
4. Do you often write letters to her?
5. Does she like to write poetry?
6. Do you want to be a successful singer?
7. Does he have a digital camera?

일반동사 부정문

🔑 Key Point 기본문형 파악하기

❶ 일반동사의 부정문과 의문문을 만들 때는 do나 does의 도움을 받아야 한다. 이러한 do나 does를 동사를 도와주는 동사라는 의미로 조동사라고 한다. 일반동사의 현재형 부정문은 동사 앞에 do를 붙여 <do not + 동사의 원형>으로 표현한다.

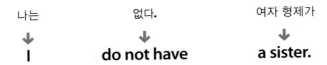

나는	없다.	여자 형제가
↓	↓	↓
I	**do not have**	**a sister.**

❷ 일반동사의 현재형 부정문은 주어가 3인칭 단수라면 <does not + 동사의 원형>으로 표현한다.

주어	조동사	동사원형
I, You, We, They	**do not**	**have**
She, He	**does not**	

일반동사의 부정문을 만드는 do not과 does not은 줄여서 표현할 수 있다.

do not ➔ (don't)

does not ➔ (doesn't)

📦 Bonus 확장하기

[~하면 안 됩니다.]는 부정의 명령문으로서 Don't ~로 표현한다.

예 **Don't be late for school.** 학교에 늦으면 안 된다.

I do not have a sister.
나는 여자 형제가 없다.

Try more 말하고 써보기

1 나는 실망하기 싫다. **(be disappointed)**

_____

2 나는 지각하고 싶지 않다.

_____

3 앞으로 무슨 일이 일어날지 모르겠다. **(in the future)**

_____

4 내 남자친구는 도무지 내 말을 귀담아 듣질 않는다.

_____

5 내 여동생과 남동생은 만화를 좋아하지 않는다. **(My sister and brother ~)**

_____

6 우리 엄마는 햄버거를 좋아하지 않는다.

_____

7 혼자라고 생각하지 마.

_____

Answers

1. I don't want to be disappointed.
2. I don't want to be late.
3. I don't know what's happening in the future.
4. My boyfriend just doesn't listen to me.
5. My sister and brother don't like comic books.
6. My mom doesn't like hamburgers.
7. Do not think you are alone.

She was a tall woman.
He helped his sick friend all night.
I went there last week.
Did you do your homework last night?

03

동사의 과거형

be동사의 과거형

🔑 Key Point 기본문형 파악하기

❶ [그녀는 ~였습니다.]는 [그녀는 ~입니다.]의 과거형으로 과거의 상태를 나타 내는 be동사의 과거형을 사용한다.

그녀는	이었습니다.	키가 큰 여인
(주어)	(be동사)	(보어)
⬇	⬇	⬇
주어가 She이므로	is의 과거형	한 사람의 키가 큰 여인
She	**was**	**a tall woman.**

❷ 과거 시제에서 be동사는 주어가 무엇이냐에 따라 was와 were로 바뀐다. is/am의 과거형은 was가 되고, are의 과거형은 were를 쓴다.

She was a tall woman.

      └, 주어가 you나 복수라면 are의 과거형인 were를 쓴다.

am/is의 과거형 ➜ **was**
are의 과거형 ➜ **were**

> 예 **I was tired.** 나는 피곤했다.
> **They were tired.** 그들은 피곤했다.

📦 Bonus 확장하기

과거 시제는 yesterday(어제), last(지난), then(그때), ago(~전) 등의 과거를 나타 내는 부사와 함께 쓰이는 경우가 많다.

> 예 **It was rainy last Sunday.** 지난 일요일에는 비가 왔습니다.
> **We were tired yesterday.** 우리는 어제 피곤했습니다.

She was a tall woman.
그녀는 키가 큰 여인이었습니다.

✎ Try more 말하고 써보기

1 무척 따뜻했었다.

_____

2 그는 지난 여름에 바빴다.

_____

3 그들은 경찰관이었다. (police officer)

_____

4 그들은 도서관에 있었다.

_____

5 1년 전에 나는 일본에 있었다.

_____

6 나는 아버지가 어디에 계신지 알고 싶었다.

_____

7 그녀는 지난 밤에 아팠다.

_____

Answers

1. It was very warm.
2. He was busy last summer.
3. They were police officers.
4. They were in the library.

5. I was in Japan one year ago.
6. I wanted to know where my father was.
7. She was sick last night.

규칙동사의 과거형

🔑 Key Point 기본문형 파악하기

❶ [도왔다.]는 과거시제이므로 동사를 과거형으로 한다. 현재시제에서는 주어에 따라 모양이 다르지만 과거형에서는 모든 인칭에 상관없이 과거형이 같다. 기본적으로 과거형은 동사원형에 -ed를 붙인다.

그는	도왔습니다.	아픈 친구를	밤새
⬇	⬇	⬇	⬇
	(help의 과거형)		
He	**helped**	**sick friend**	**all night.**

❷ 일반동사의 과거형을 만들 때는 몇 가지 규칙이 있다.

ⓐ y앞이 자음일 때는 y를 i로 바꾼 다음 ed를 붙인다.
　예 **study**의 과거형 ➜ **studied**

ⓑ 단 y앞이 모음(a,i,u,e,o)이라면 그대로 ed를 붙인다. 예 **played,enjoyed**

ⓒ e로 끝나는 동사에는 -d만 붙인다. 예 **like** ➜ **liked, live** ➜ **lived**

ⓓ '단모음 + 자음'으로 끝나는 단어는 자음을 하나 더 겹친다.
　예 **stop** ➜ **stopped** 예외) **visited** - 2음절이면서 앞 음절에 악센트가 올 때.
　　　　　　　　　　　　 looked, cooked - o가 겹쳐있을 때.

📦 Bonus 확장하기

규칙동사의 과거형에서 자주 나오는 표현

study (공부하다) ➜ **studied**	**visit** (방문하다) ➜ **visited**
play (놀다) ➜ **played**	**listen** (듣다) ➜ **listened**
enjoy (즐기다) ➜ **enjoyed**	**watch** (보다) ➜ **watched**
ask (묻다) ➜ **asked**	**look** (보다) ➜ **looked**
want (원하다) ➜ **wanted**	**cook** (요리하다) ➜ **cooked**

He helped his sick friend all night.

그는 밤새 아픈 친구를 도와주었다.

Try more 말하고 써보기

1 나는 어머니를 도왔습니다.

_____

2 나는 어제도 영어공부를 했다.

_____

3 나는 학교에서 3시간 동안 테니스를 쳤습니다. (for three hours)

_____

4 이 책 아주 재미있었어요.

_____

5 나는 저녁식사 후 TV를 보았습니다.

_____

6 그는 한 지역 박물관을 방문했다. (local museum)

_____

7 엘리베이터는 커다란 소음을 내며 멈춰 섰다. (a loud noise)

_____

Answers

1. I helped my mother.
2. I studied English yesterday, too.
3. I played tennis for three hours at school.
4. I enjoyed this book so much.
5. I watched TV after dinner.
6. He visited a local museum.
7. The elevator stopped working with a loud noise.

최강영작 13 불규칙동사의 과거형

 **Key Point** 기본문형 파악하기

❶ [갔습니다.]는 가다(go)의 과거형을 써야 하는 데 go는 불규칙 동사로서 과거형은 went이다.

나는	갔습니다.	그곳에	지난주에
⬇	⬇	⬇	⬇
	(go의 과거형)		
I	**went**	**there**	**last week.**

※ there 자체가 「그곳에」의 의미이므로 to there라고 하지 않는다.

❷ 불규칙 동사는 대표적으로 두 가지 유형이 있다.

　ⓐ 동사원형과 과거형이 같은 경우
　　예 read → read, put → put

　ⓑ 동사원형과 과거형이 완전히 다른 경우
　　예 buy → bought, have → had, see → saw

📦 Bonus 확장하기

자주 나오는 불규칙동사의 과거형

go (가다) **→ went**	**get** (받다) **→ got**
come(오다) **→ came**	**have**(가지고 있다) **→ had**
buy (사다) **→ bought**	**give** (주다) **→ gave**
write (쓰다) **→ wrote**	**teach** (가르치다) **→taught**
meet (만나다)**→ met**	**tell** (말하다) **→ told**
send (보내다) **→ sent**	**take** (가지고 가다) **→ took**

I went there last week.
나는 지난주에 그곳에 갔습니다.

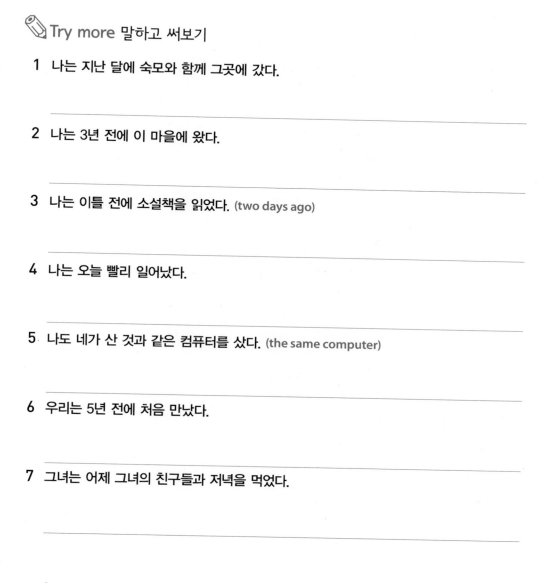

✏️ Try more 말하고 써보기

1 나는 지난 달에 숙모와 함께 그곳에 갔다.

_____

2 나는 3년 전에 이 마을에 왔다.

_____

3 나는 이틀 전에 소설책을 읽었다. (two days ago)

_____

4 나는 오늘 빨리 일어났다.

_____

5 나도 네가 산 것과 같은 컴퓨터를 샀다. (the same computer)

_____

6 우리는 5년 전에 처음 만났다.

_____

7 그녀는 어제 그녀의 친구들과 저녁을 먹었다.

_____

_____

일반동사의 과거의문문

Key Point 기본문형 파악하기

❶ [~했습니까?]는 일반동사의 과거의문문이므로 Do, Does의 과거형인 Did를 문장의 맨 앞에 붙인다.

넌 했니?   숙제   어젯밤

↓   ↓   ↓

(과거 의문문)

Did you do   **your homework**   **last night?**

     └ 어떤 주어가 오더라도 변함없이 Did~?

❷ <Did~ ?>에서 사용되는 동사는 반드시 원형을 쓴다.

Did   주어   동사의 원형~?

Did   **you**   **do your homework last night?**

     └ 주의) 여기서의 do는 동사로 「하다」는 의미이다.
              의문문이나 부정문을 만드는 do와는 구별해야 한다.

❸ where, what 등 의문사가 있는 과거시제는 did 앞에 의문사만 넣어주면 된다.

Where did you put ~? 어디에 두었습니까?

What did you eat ~? 무엇을 먹었습니까?

When did you go ~? 언제 갔습니까?

주의) 의문사가 주어일 때는 의문사 뒤에 동사가 온다.

     Who brought this flower? 누가 이 꽃을 가지고 왔습니까?

Did you do your homework last night?
넌 어젯밤에 숙제 했었니?

✎ Try more 말하고 써보기

1 오늘 뉴스 들었니?

_____

2 너는 멋진 여름을 보냈니?

_____

3 내 신발을 어디 두셨어요?

_____

4 저녁식사 후에는 뭘 했니?

_____

5 언제 쇼핑을 갔니?

_____

6 공항에 몇 시에 도착했습니까? (airport)

_____

7 얼마 동안 세계 일주를 했니? (How long ~)

_____

Answers
1. Did you hear the news today?
2. Did you have a great summer?
3. Where did you put my shoes?
4. What did you do after dinner?
5. When did you go shopping?
6. What time did you arrive at the airport?
7. How long did you travel around the world?

Look at the big cat.

Let's go to the park after school.

Key Point

Bonus

Try more

04

명령문

명령문

🔑 Key Point 기본문형 파악하기

❶ 명령문은[〜해라, 〜되라.]고 명령하는 문장으로서 주어를 생략하고 동사의 원형으로 시작한다. [부디 〜해 주십시오.]는 문두나 문말에 please를 붙인다.

> 예 **Please listen to me.** 부디 제 이야기를 들어주십시오.

❷ 명령문에 살을 붙일 수 있다. <명령문+ and + 문장>은 [〜해라, 그러면 〜할 것이다.]란 의미이고 <명령문 + or + 문장>은 [〜해라, 그렇지 않으면 〜할 것이다.]로 해석한다.

> 예 **Study hard, <u>and</u> you will get an A.** 열심히 공부해라, 그러면 A를 받을 것이다.
> **Take a taxi, <u>or</u> you'll be late.** 택시를 타라, 그렇지 않으면 늦을 것이다.

❸ 부정명령문 [〜하지 마라.]는 be동사와 일반동사의 원형 앞에 Don't를 붙인다.

> 예 **Don't be late.** 늦지 마라.
> **Don't eat too much.** 너무 많이 먹지 마라.

📦 Bonus 확장하기

길을 알려주는 표현도 중요하다.

> 예 **Go straight.** 곧바로 가세요.
> **Go along this street.** 이 길을 가세요.
> **Turn (to the) right.** 오른쪽으로 돌아가세요.

Look at the big cat.
저 커다란 고양이를 보세요.

✏️ Try more 말하고 써보기

1 창문 좀 열어줘.

_____

2 손을 씻어라.

_____

3 매일 운동해라, 그러면 살이 빠질 것이다. **(lose weight)**

_____

4 지금 일어나, 그렇지 않으면 학교에 늦을 거야.

_____

5 무례하게 굴지 마. **(rude)**

_____

6 제발 당신 펜을 좀 빌려주십시오.

_____

7 학교에서 왼쪽으로 도십시오. **(Turn to ~)**

_____

Answers
1. Open the window.
2. Wash your hands.
3. Excise every day, and you'll lose weight.
4. Get up now, or you'll be late for school.
5. Don't be rude.
6. Please lend me your pen.
7. Turn to the left at the school.

Let's~ 구문
~ 하자.

🔑 Key Point 기본문형 파악하기

❶ 상대에게 권유의 뜻으로 [~합시다.]는 Let's로 시작한다.

하자.	가다	공원에	방과 후
⬇	⬇	⬇	⬇
Let's	**go**	**to the park**	**after school.**
	└, 원형		

❷ Let's 뒤에는 동사의 원형이 붙는다.

> 예 **Let's go to my house.** 우리 집에 가자.
>
> **Let's go fishing.** 낚시하러 가자.
>
> **Let's play tennis.** 테니스를 치자.

📦 Bonus 확장하기

Let's~. 를 사용한 자주 나오는 표현

> 예 <u>**Let's meet(see)**</u> **at Minsu's house at two.** 2시에 민수의 집에서 만나자.
>
> <u>**Let's clean**</u> **the room.** 방을 청소합시다.

Let's go to the park after school.

방과 후 공원에 가자.

✎ **Try more** 말하고 써보기

1 내일 또 테니스 치자. **(play tennis)**

_____

2 조용한 곳으로 가자. **(quiet)**

_____

3 이번 주말에 스키 타러 가자.

_____

4 뭔가 찬 음료를 마시자.

_____

5 한 번 더 톰을 집에 초대하자.

_____

6 이제 그 이야기는 그만두자.

_____

7 우리 집에서 7시 30분에 만나자.

_____

Answers

1. Let's play tennis again tomorrow.
2. Let's go to some place quiet.
3. Let's go skiing this weekend.
4. Let's have something cold.

5. Let's invite Tom to our house again.
6. Let's say no more about it.
7. Let's meet at 7:30 at my place.

I am listening to music with my friend.
Is she doing her homework?
I was listening to music.

 Key Point

 Bonus

 Try more

05

진행형

현재진행형(긍정문)

🔑 Key Point 기본문형 파악하기

❶ 현재진행형은 현재 진행 중인 동작을 나타내며, be동사의 현재형(am, is, are)에 현재분사(동사의 -ing)를 붙인 것으로 [**지금 ~하고 있는 중이다.**]로 해석한다. 대부분 동사는 동사원형에 -ing를 붙이지만 예외인 경우도 있다.

   ⓐ e로 끝나는 동사는 -e를 없애고 -ing를 붙인다.
   come → coming, make → making

   ⓑ '단모음 + 단자음'으로 끝나는 동사는 자음을 한번 더 쓰고 -ing를 붙인다.
   stop → stopping, swim → swimming

   ⓒ '단모음 + 단자음'으로 끝나는 단어지만 다음의 경우는 그대로 ing.
   looking, cooking   **listening, visiting**
     └ 연결된 oo.   └ 2음절이며 앞에 악센트가 있을 때.

❷ 부정문은 be동사와 동사의 -ing 사이에 'not'을 넣으면 된다.

   예 **You're not listening to me.** 넌 내 얘기를 듣지 않고 있구나.

📦 Bonus 확장하기

자주 사용하는 표현을 알아둔다.

be playing 악기를 연주하고 있다   **be talking** 이야기하고 있다

be sitting 앉아 있다   **be reading** 읽고 있다

be walking 걷고 있다   **be listening** 듣고 있다

be studying 공부하고 있다   **be looking** 보고 있다

be swimming 수영하고 있다   **be making** 만들고 있다

I am listening to music with my friend.
나는 친구와 함께 음악을 듣고 있습니다.

✏️ Try more 말하고 써보기

1 나는 아침을 먹고 있다.

_____

2 그녀는 나무 아래 앉아 있다.

_____

3 제인(Jane)은 기타를 치고 있습니다.

_____

4 그 소년은 상자에 앉아 있습니다.

_____

5 톰(Tom)은 고든(Gordon)과 수영을 하고 있습니다.

_____

6 수민이는 엄마에게 편지를 쓰고 있다.

_____

7 남동생은 거실 청소를 하지 않고 있다. (My brother ~)

_____

Answers
1. I am eating breakfast now.
2. She is sitting under the tree.
3. Jane is playing the guitar.
4. The boy is sitting on a box.
5. Tom is swimming with Gordon.
6. Sumin is writing a letter to her mother.
7. My brother is not cleaning the living room.

현재진행형(의문문)

🔑 Key Point 기본문형 파악하기

❶ 현재진행형의 의문문은 <be동사 + -ing>의 be동사만 주어 앞으로 나가고 동사의 -ing형은 그대로 둔다.

Is she doing her homework?
└ be동사 └ 어떤 동작을 [한다.]는 do의 ing형

예 **Is mother cooking in the kitchen?** 엄마는 부엌에서 요리를 하고 있습니까?

❷ 의문사가 있을 때에는 의문사가 맨 앞에 나오고 그 다음에 be동사가 나온다. 동사의 -ing형은 그대로 둔다.

예 **What are you doing?** 당신은 무엇을 하고 있는 것입니까?
What are you making? 당신은 무엇을 만들고 있는 것입니까?

📦 Bonus 확장하기

대답할 때는 보통 Yes/No + be동사 문장으로 말하고 의문사가 있는 의문문일 경우는 Yes/No로 대답하지 않고 질문의 뜻과 시제에 맞게 대답한다.

예 **Is she doing her homework?** 그녀는 숙제를 하고 있니?
➜ **Yes, she is.** 응, 그녀는 하고 있어.
No, she isn't. 아니, 그녀는 하지 않고 있어.

예 **Where is Tom studying?** 톰은 어디에서 공부하고 있니?
➜ **He is studying at the library.** 그는 도서관에서 공부하고 있어.

✎ Try more 말하고 써보기

1 그녀는 토마토 주스를 마시고 있니? (drink)

_____

2 그는 거기서 무엇을 하고 있나요?

_____

3 당신은 무엇을 찾고 있나요?

_____

4 미나는 어디에 서 있는 것입니까?

_____

5 당신은 지금 무엇을 하고 있는 것입니까?

_____

6 그 학생은 무엇을 읽고 있니?

_____

7 그는 만화를 읽고 있어. (cartoon)

_____

Answers

1. Is she drinking tomato juice?
2. What is he doing there?
3. What are you looking for?
4. Where is Mina standing?
5. What are you doing now?
6. What is the student reading?
7. He is reading cartoons.

과거진행형(긍정문)

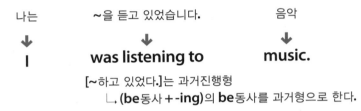

Key Point 기본문형 파악하기

❶ 과거진행형은 be동사의 과거형(was, were)에 현재분사(동사의 -ing형)를 붙인
것으로 [과거의 어느 순간에 ~하고 있는 중이었다.]로 해석한다.

나는　　　　　　　~을 듣고 있었습니다.　　　　　　음악

↓　　　　　　　　　↓　　　　　　　　　　　↓

I　　　　**was listening to**　　　**music.**

[~하고 있었다.]는 과거진행형
└ (be동사 + -ing)의 be동사를 과거형으로 한다.

※ 주어가 I 이므로 was를 쓴다. 주어가 you나 복수라면 were.

❷ 시험에 잘 나오고 활용도가 높은 과거진행형

was watching TV 텔레비전을 보고 있었다.
was playing the guitar 기타를 치고 있었다.
was playing with a cat 고양이랑 놀고 있었다.
was cooking 요리를 하고 있었다.

Bonus 확장하기

접속사 when이 있는 문장에서 과거진행형도 자주 나오므로 알아둔다.

예 **When I got home, it was raining.**
내가 집에 도착하였을 때, 비가 내리고 있었습니다.

I was listening to music.
나는 음악을 듣고 있었습니다.

✏️ **Try more** 말하고 써보기

1 그녀는 부엌에서 요리를 하고 있었다.

_____

2 나는 아침을 먹고 있었다.

_____

3 그들은 사진을 찍고 있었다.

_____

4 우리는 컴퓨터 게임을 하고 있었다.

_____

5 그는 TV를 보고 있었다.

_____

6 친구가 만나러 왔을 때 나는 라디오를 듣고 있었다.

_____

7 소방관들이 도착했을 때, 집은 활활 타오르고 있었다. (blazing)

_____

Answers

1. She was cooking in the kitchen.
2. I was eating breakfast.
3. They were taking pictures.
4. We were playing computer games.
5. He was watching TV.
6. When my friend came to see me, I was listening to the radio.
7. When the firemen arrived, the house was blazing.

There is a map on the wall.

There was a lot of places to visit in Seoul.

Here is a beautiful rose.

Is there a picture of birds on the wall?

 Key Point

 Bonus

 Try more

06
There is(are) ~ 구문

There is (are) ~ (현재형)

 Key Point 기본문형 파악하기

❶ <There is ~.>에서 There는 따로 뜻이 없고 [~이 있다.]로 해석한다.
<There is (are) + 주어 + 장소>로 나타낸다.

있습니다.	한 장의 지도	벽에
	(주어)	(장소)
↓	↓	↓
There is	**a map**	**on the wall.**

※ 주어가 단수이므로 is를 쓰고 벽에는 [(벽에 접촉하여) 위에]라는 의미이므
로 on을 쓴다.

❷ 주어가 단수일 때는 <There is ~.>로 쓰고 복수일 때는 <There are ~.>로 쓴다.

> 예 **There is** a book on the desk. 책상 위에 책이 한 권 있다.
> **There are** fifteen teachers. 15명의 선생님이 있다.

Bonus 확장하기

부정문을 만들 때는 be동사 다음에 not을 붙인다.

> 예 **There is not** a pencil in the box. 그 상자 안에 연필이 없다.

There is a map on the wall.
벽에 지도가 한 장 걸려있습니다.

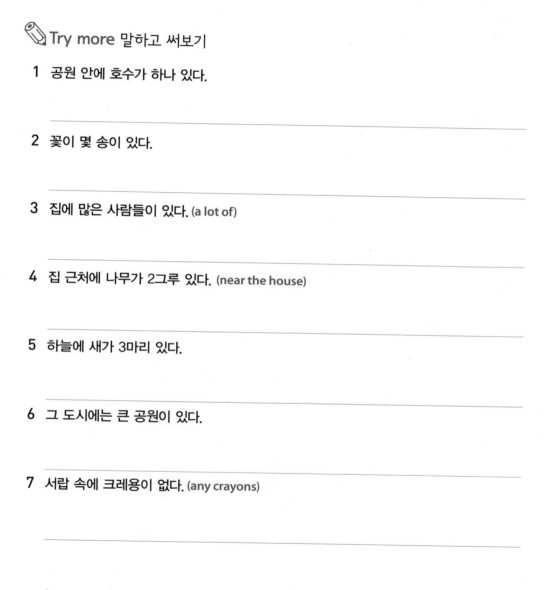

✏️ Try more 말하고 써보기

1 공원 안에 호수가 하나 있다.

_____

2 꽃이 몇 송이 있다.

_____

3 집에 많은 사람들이 있다. (a lot of)

_____

4 집 근처에 나무가 2그루 있다. (near the house)

_____

5 하늘에 새가 3마리 있다.

_____

6 그 도시에는 큰 공원이 있다.

_____

7 서랍 속에 크레용이 없다. (any crayons)

_____

Answers
1. There is a lake in the park.
2. There are some flowers.
3. There are a lot of people in the house.
4. There are two trees near the house.

5. There are three birds in the sky.
6. There is a large park in the town.
7. There are not any crayons in the drawer.

There was(were)~ (과거형)

🔑 Key Point 기본문형 파악하기

❶ 앞에서 보았듯이 **[~가 있다.]**는 <There + is(are) + 주어>의 형태로 표현한다. 주어가 단수이면 is, 복수이면 are를 쓴다. 과거일 때는 <there + was(were) + 주어>를 쓴다.

있었다.	많은 곳이	방문할	서울에는
↓	↓	↓	↓
There were	a lot of places	to visit	in Seoul.

└ many (장소) ←(방문하기 위한)

❷ 「방문하기 위한」 → 「장소」이므로 「~하기 위한」이란 표현은 부정사(to + 동사의 원형)으로 나타내고 부정사가 형용사의 역할을 하므로 「형용사적 용법」이라고 한다.

📦 Bonus 확장하기

알아두면 좋은 표현들

There were two books on the desk. 책상 위에 책이 두 권 있었다.

There was an orange on the table. 식탁 위에 오렌지가 한 개 있었다.

There were three birds in the sky. 하늘에 새가 3마리 있었다.

There was a car under the tree. 나무 밑에 차가 한 대 있었다.

There were a lot of places to visit in Seoul.

서울에는 방문할 곳이 많이 있었다.

✎ Try more 말하고 써보기

1 벽에 지도가 있었다.

_____

2 나무 밑에 3개의 사과가 있었다.

_____

3 여기 우리집 근처에 극장이 있었다. **(movie theater)**

_____

4 운동장에 아이들이 있었다.

_____

5 그는 어딘지 사람을 끌어당기는 매력이 있었다. **(attractive)**

_____

6 일본에서 작년에 큰 지진이 있었다. **(terrible earthquake)**

_____

7 경기장 안에는 약 천 명이 있었다. **(inside of the stadium)**

_____

Answers

1. There was a map on the wall.
2. There were three apples under the tree.
3. There was a movie theater near here my house.
4. There were children in the playground.
5. There was something attractive about him.
6. There was a terrible earthquake in Japan last year.
7. There were about a thousand of people inside of the stadium.

Here is~

🔑 Key Point 기본문형 파악하기

❶ <Here is ~.>에서 Here는 '여기에'라는 뜻으로 [**여기에~이 있다.**]로 해석한다.

여기에 있다.	한 송이 아름다운	장미가
⬇	⬇	⬇
Here is	**a beautiful**	**rose.**

❷ 주어가 단수일 때는 <Here is ~.>로 쓰고 복수일 때는 <Here are ~.>로 쓴다. 부정문은 Here is 다음에 not을 쓴다.

> (예) **Here are tips for you.** 여기 팁이 있어.
> **Here is not a tree.** 여기는 나무가 없다.

❸ 의문문을 만들 때는 <Are(Is) + 주어 + here?>가 된다. 대답할 때는 here의 의문문에서 주어를 대명사로 받아서 대답한다.

> (예) **Are your friends here?** 여기 친구가 있니?
>
> ➜ **Yes, they are here.** 예, 있어요.
> **No, they aren't here.** 아니요, 없어요.

🎁 Bonus 확장하기

참고로 Here is의 관용적인 표현도 알아둔다.

> (예) **Here you are. Here it is.** 여기 있어. ➜ 물건을 건네면서 여기 있다고 할 때
> **Here we are.** 다 왔어. ➜ 목적지에 다 도착했을 때

Here is a beautiful rose.
여기 아름다운 장미가 있다.

✏️ Try more 말하고 써보기

1 여기 네가 알아야 할 것이 있어.

_____

2 여기엔 새 컴퓨터가 없어.

_____

3 여기에 수건이 두 개 있어. (towel)

_____

4 여기엔 화장실이 없어. (any bathrooms)

_____

5 여기에 너의 우표가 있니?

_____

6 여기 네가 부탁한 파일들이 있어.

_____

7 여기 메뉴판이 있습니다.

_____

Answers
1. Here is what you should know.
2. Here is not a new computer.
3. Here are two towels.
4. Here are not any bathrooms.

5. Are your stamps here?
6. Here are the files you asked for.
7. Here are your menus.

There is 의문문

🔑 Key Point 기본문형 파악하기

❶ [~가 있습니까?]의 의문문은 <Is(Are) there ~?>로 쓴다. 주어가 단수이면 <Is there~?>, 복수이면 <Are there~ ?>이다.

Is(Are) there + 주어?　　**Yes, there is(are).**
　　　　　　　　　　　　　　No, there isn't(aren't).

❷ 주어가 anything나 anyone인 문장도 알아둔다.
<Is there anything (anyone) ~?>로 표현하는 데 의문문이므로 <any ~>로 되는 것에 주의하자.

　　예 **Is there anything on it?** 그 위에 무엇이 있습니까?
　　　Is there anyone in it? 그 안에 누군가 있습니까?

📦 Bonus 확장하기

[…에 몇 개의 ~가 있습니까?]의 표현도 자주 쓴다. <How many + 복수명사 + are there + 장소?> 로 나타낸다.

책상 위에 연필이 몇 자루 (몇 자루의 연필이) 있습니까?
How many pencils are there on the desk?
　　　　└ 필수 복수형　　└ there are의 의문형

Is there a picture of birds on the wall?

벽에 새 그림이 있습니까?

Try more 말하고 써보기

1 아파트 근처에 공원이 있습니까? (near the apartment)

   _____

2 마음에 안 드시는 것이라도 있습니까?

   _____

3 먹을 거 좀 있습니까?

   _____

4 당신 반에 남자 아이는 몇 명입니까? (How many ~)

   _____

5 여기 영어를 할 줄 아는 사람 있어요?

   _____

6 이 근처에 악어가 많습니까? (crocodiles)

   _____

7 한국의 인구는 얼마나 되지?

   _____

Answers

1. Is there a park near the apartment?
2. Is there anything you don't like about it?
3. Is there anything to eat?
4. How many boys are there in your class?

5. Are there any English speakers here?
6. Are there many crocodiles around here?
7. How many people are there in Korea?

What did you come here to buy?

What book did you read last night?

Who brought these flowers?

When will you leave Seoul?

Where do you want to go?

How does Fred come to school?

How many books do you have?

How long will you stay here?

Why do you study history?

07

의문사

의문사 **what**

🔑 Key Point 기본문형 파악하기

❶ 사물의 이름에 대해 물을 때 사용하는 의문사 what은 문두에 위치한다.

What	be동사	주어~?	
	조동사 do(does, did)	주어	동사원형~?

<What is~?>로 물으면 <It is ~.>, <What are ~?>로 물으면 <They are ~.>로 대답한다.

> 예 **What is this?** 이것은 무엇입니까?
> → **It's a comic book.** 이것은 만화책입니다.

❷ 동사의 목적어로 쓰인다.

> 예 **What do you want ?** 당신은 무엇이 갖고 싶습니까?
> 무엇이 → want의 목적어
>
> **What does she say?** 그녀는 뭐라고 말하는 겁니까?
> 뭐라고 → say의 목적어

❸ what이 주어로 쓰일 경우도 있다. <What + 동사 ~?>로 쓰인다.

> 예 **What made you sad?** 무엇이 너를 슬프게 했니?
> → **I missed my cat.** 고양이를 잃어버렸어요.

📦 Bonus 확장하기

what은 사람에 대해 물을 때도 쓰인다. 사람의 이름, 직업, 별명에 대해 물을 때도 what을 사용한다.

> 예 **What is your name?** 당신의 이름은 무엇입니까?
> **What is your mother's job?** 당신 엄마의 직업은 무엇입니까?

What did you come here to buy?
넌 무엇을 사러 여기에 온 거니?

✏️ Try more 말하고 써보기

1 당신은 생일 선물로 무엇이 갖고 싶습니까? **(birthday present)**

_____

2 당신은 어제 무엇을 했습니까?

_____

3 그것은 무엇입니까?

_____

4 오늘은 무슨 요일이죠?

_____

5 도서관의 뒤에 보이는 저 하얀 건물은 무엇입니까? **(behind the library)**

_____

6 한가한 시간에는 무얼 하니?

_____

7 무엇이 너를 화나게 했니?

_____

Answers

1. What do you want as a birthday present?
2. What did you do yesterday?
3. What is it?
4. What day is it today?
5. What is that white building we can see behind the library?
6. What do you do in your free time?
7. What made you angry?

what + 명사

🔑 **Key Point** 기본문형 파악하기

❶ what이 명사를 꾸며 형용사 역할을 하기도 한다. 이때 what은 '무슨'이라고 해석한다. [**어떤 ~, 무슨 ~**]은 <what + 명사>로 나타낸다.

어떤 책을	당신은 읽었습니까?	어젯밤
↓	↓	↓
What book	**did you read**	**last night?**

※ [읽었습니까?]는 일반동사의 과거의 의문문이므로 <did + 주어 + 동사의 원형>으로 쓴다.

❷ 시간을 묻는 <what time ~?> 표현은 자주 사용되므로 잘 알아둔다. what time을 사용하는 의문문은 [**몇 시에 ~ 인가?**]라고 해석하며 [**몇 시입니까?**]라고 묻는 문장도 가끔 나온다.

> 예 **What time did you go to bed last night?** 당신은 어젯밤 몇 시에 잤습니까?
>
> **What time is it?** 몇 시입니까?

📦 **Bonus** 확장하기

what은 [**무슨~**]의 의미이지만 [**어떤 ~, 어느 ~**] 등으로 표현되는 일이 많다.

what sport 어떤 스포츠 **what music** 어떤 음악

what season 어느 계절 **what language** 무슨 언어

➔ 복수의 스포츠명을 물을 때에는 what sports

What book did you read last night?
어젯밤에 읽은 책은 어떤 책입니까?

Try more 말하고 써보기

1 너는 어떤 색을 좋아하니?

_____

2 너는 어떤 음식을 가장 좋아하니?

_____

3 그녀는 어떤 한국 음식을 좋아합니까?

_____

4 너는 몇 시에 일어나니?

_____

5 어떤 종류의 음악을 좋아해?

_____

6 어떤 스포츠에 도전하고 싶으세요? (What sports ~)

_____

7 몇 시에 갈까?

_____

Answers

1. What color do you like?
2. What food do you like the best?
3. What korean food does she like?
4. What time do you get up?

5. What kind of music do you like?
6. What sports would you like to try?
7. What time shall I go?

최강영작 26 의문사 who

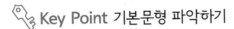 **Key Point** 기본문형 파악하기

❶ [누가]는 who로서 '사람'에 대해 묻는 의문사로 이것이 주어가 된다.

누가	가지고 왔었습니까	이 꽃들을
(주어) +	(동사) +	(목적어)
Who	**brought**	**these flowers?**

 └ **these**는 **this**의 복수형이고 뒤에
  오는 명사도 복수형으로 쓴다.

주의) bring의 과거형, 의문사가 주어라면 의문문이라도 동사가 바로 붙는다.
did bring으로 쓰지 않는다.

❷ who가 주어인 경우가 많이 나오지만 who가 보어인 경우도 있다. 어순이 다르
므로 주의하자. 질문에 대한 답도 알아두자.

• 주어인 경우

Who cooks dinner? 누가 저녁밥을 만듭니까?
 └ 주어 who는 3인칭 단수로 취급하므로 cooks가 된다.

➜ **My mom does.** 엄마입니다.
     └ = cooks dinner.

➜ **I do.** 나입니다.
   └ = cook dinner.

• 보어인 경우

Who is that girl? 저 소녀는 누구입니까? ➜ **She is Cindy.** 신디입니다.

Bonus 확장하기

Who의 소유격은 Whose이고 [**누구의**]라는 뜻이다.

예 **Whose car is that?** 저 차는 누구 거니?

Who brought these flowers?
누가 이 꽃들을 가지고 왔습니까?

✏️ **Try more** 말하고 써보기

1 누가 아프니?

_____

2 누가 편지를 보냈니?

_____

3 누가 그것을 너의 여동생에게 준 거니?

_____

4 누가 가장 빨리 수영하니?

_____

5 이 소년은 누구입니까?

_____

6 누가 창문을 깼니?

_____

7 이게 누구 휴대폰이지? (cellphone)

_____

Answers

1. Who is sick?
2. Who sent the letter?
3. Who gave it to your sister?
4. Who swims the fastest of all?
5. Who is this boy?
6. Who broke the window?
7. Whose cellphone is this?

최강영작 **27**

의문사 **when**

 Key Point 기본문형 파악하기

❶ when은 시간이나 때를 물을 때 쓰는 의문사로 의문문의 문두에 오며 **[언제]** 로 해석한다.

$$\text{When} \quad \frac{\text{be동사} \qquad\qquad \text{주어~}}{\text{조동사 do(does, did)} \quad \text{주어} \qquad \text{동사원형~}}$$

❷ [떠날 예정인가?]는 미래의 의문문이다.

언제   당신은 떠날 예정입니까   서울을
↓   ↓   ↓
When   **will you leave**   **Seoul?**

※ will 대신 be going to를 써도 되고 leave는 start from으로 써도 좋다.

Bonus 확장하기

when의 뒤에는 미래의 의문문 외에도 be동사의 의문문, 일반동사의 의문문, 수동태의 의문문 등도 붙는다.

• be동사의 의문문

When is Ken's birthday? 켄의 생일은 언제입니까?

➜ **It is April (the) third.** 4월 3일입니다.

• 일반동사의 의문문

When do you watch TV? 당신은 언제 TV를 봅니까?

➜ **After dinner.** 저녁 먹은 후에.

• 수동태의 의문문

When was this house built? 이 집은 언제 지어졌습니까?

➜ **Fifty years ago.** 50년 전에.

When will you leave Seoul?

당신은 언제 서울을 떠날 예정입니까?

✎ **Try more** 말하고 써보기

1 밸런타인데이는 언제니? **(Valentine's Day)**

_____

2 당신의 어머니는 언제 돌아올까요?

_____

3 당신의 생일은 언제입니까?

_____

4 아침 몇 시에 일어났니?

_____

5 넌 언제 경주**(Gyeongju)**에서 돌아온 거니?

_____

6 너는 언제 나에게 전화했니?

_____

7 너의 여동생은 언제 피아노 레슨 가니?

_____

Answers

1. When is Valentine's Day?
2. When your mother come back?
3. When is your birthday?
4. When do you get up in the morning?
5. When did you come back from Gyeongju?
6. When did you call me?
7. When does your sister go to the piano lesson?

의문사 **where**

최강영작 **28**

🔑 Key Point 기본문형 파악하기

❶ 장소를 묻는 의문사 where[**어디서, 어디로**]는 의문문의 문두에 둔다.

Where	**be**동사	주어~	
	조동사 **do(does, did)**	주어	동사원형~

❷ 일반동사의 현재 의문문이므로 where 뒤에 do~?나 does~?를 사용한다.

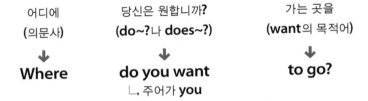

어디에   당신은 원합니까?   가는 곳을
(의문사)   (**do~?나 does~?**)   (**want**의 목적어)
⬇   ⬇   ⬇
Where   **do you want**   **to go?**
         └ 주어가 **you**

🎁 Bonus 확장하기

자주 나오는 표현을 익혀두면 좋다.

Where did you go? 어디에 갔는데?

Where do you live? 어디에 살고 있는데?

Where did you buy it? 어디서 그것을 샀어?

Where is the clock? 자명종은 어디에 있습니까?

Where are you from? 당신은 어디 출신입니까?

= Where do you come from?

Where do you want to go?
당신은 어디에 가고 싶은 것입니까?

✏️ **Try more** 말하고 써보기

1 내 가방이 어디에 있지? **(backpack)**

_____

2 그 섬은 어디에 있어?

_____

3 어디 사니?

_____

4 너의 아저씨는 어디에 살고 계시니?

_____

5 넌 그 책을 어디에 두었니?

_____

6 너는 어디로 낚시를 가니? **(go fishing)**

_____

7 너는 친구들을 어디에서 만났니?

_____

Answers

1. Where is my backpack?
2. Where is the island?
3. Where do you live?
4. Where does your uncle live?

5. Where did you put the book?
6. Where did you go fishing?
7. Where did you meet your friends?

최강영작 **29**

의문사 How

🔑 Key Point 기본문형 파악하기

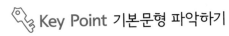

❶ how[어떻게]는 수단, 상태, 방법에 대해 물을 때 쓰며 의문문의 문두에 둔다.

How	**be동사**	주어~?	
	조동사 **do(does, did)**	주어	동사원형~?

❷ How에는 여러 가지 사용법이 있지만 단독의 How는 [어떻게 하여 / 어떤 방식으로] 등의 의미를 가지고 있다.

어떻게	**Fred**는 옵니까?	학교에
(의문사)	(일반동사의 현재의 의문문)	
	do~?나 **does~?**	[~에]는 **to~**
↓	↓	↓
How	**does Fred come**	**to school?**
	└ (주어가 3인칭/단수)	

❸ 특히 어떤 경험에 대한 소감, 음식이나 음악에 대한 생각을 물을 때 how를 자주 사용한다.

　　예 **How was your birthday party?** 네 생일 파티는 어땠어?

　　→ **It was great.** 대단했어.

📦 Bonus 확장하기

문답 형식에서 자주 사용하므로 대답하는 형식도 정리해 두자.

How do you go to school? 어떻게 학교에 갑니까?

→ **I walk to school.** 걸어서 갑니다.
　I go <u>by</u> bicycle. 자전거로 갑니다.
　　　└ 수단이나 방법을 나타내는 [~로]는 by를 쓴다.
　　　　bicycle 앞에 a나 the를 붙이지 않는 점에 주의!
　　　　[버스로]는 by bus.

✎ Try more 말하고 써보기

1 그 과학 박물관에 어떻게 갔니? (science museum)

_____

2 너의 부모님은 어떻게 지내셔?

_____

3 미나(Mina)는 어떻게 학교에 가니?

_____

4 이 음식은 어떠니?

_____

5 넌 어떻게 거기에 갔니?

_____

6 넌 어떻게 그와 알게 된 거니?

_____

7 시애틀(Seattle) 날씨는 어땠어?

_____

Answers

1. How did you go to the science museum?
2. How are your parents?
3. How does Mina go to school?
4. How is this food?

5. How did you go there?
6. How did you know him?
7. How was the weather in Seattle?

How many~, How much~

최강영작 **30**

 Key Point 기본문형 파악하기

❶ '수'를 묻는 질문으로 얼마나 많이는 <How many~?>, 양을 묻는 질문으로 얼마나 많이는 <How much~?>를 쓴다.

몇 권의 책을	당신은 가지고 있습니까?
(의문사)	(일반동사의 현재시제 의문문)
문두에	주어가 you이므로 do를 쓴다.
↓	↓
How many books	**do you have?**

❷ <How many~?> 뒤에는 셀 수 있는 명사의 복수형이 <How much~?> 다음에는 셀 수 없는 명사의 단수형이 온다는 사실에 주의한다.

예 **How many hours is the flight?** 비행시간이 얼마나 됩니까?
How much money do you have? 돈을 얼마나 가지고 있니?

❸ 시험에 자주 나오고 얘기할 때 자주 활용되는 여러 가지 표현을 알아둔다.

how many books 몇 권의 책   **how much time** 얼마의 시간
how many people 몇 명의 사람   **how much milk** 얼마의 우유
how many hours 몇 시간   **how much money** 얼마의 돈

Bonus 확장하기

How many ~ 의 뒤에 are there가 붙는 형태도 익혀두면 좋다.

1시간은 몇 분입니까? (=1시간에는 몇 분이 있습니까?)
How many minutes are there in an hour?
                            └ there are ~ 의 의문형
➔ **How many minutes does an hour have?**로 해도 좋다.

How many books do you have?
당신은 책을 몇 권 가지고 있습니까?

✎ Try more 말하고 써보기

1 당신은 몇 시간 잡니까?

_____

2 어제 그녀에게 몇 번이나 전화했었니? (How many times ~)

_____

3 며칠이나 묵을 예정입니까?

_____

4 당신은 몇 명의 형제자매가 있습니까?

_____

5 당신 반에 남자는 몇 명 있습니까?

_____

6 학생은 요금이 얼마일까요?

_____

7 얼마나 더 오래 기다려야 하죠?

_____

Answers

1. How many hours do you sleep?
2. How many times did you call her yesterday?
3. How many nights will you be staying?
4. How many brothers and sisters do you have?
5. How many boys are there in your class?
6. How much does it cost for students?
7. How much longer do I have to wait?

How long~?

🔑 Key Point 기본문형 파악하기

❶ 기간을 묻는 [어느 정도의 길이]는 <How long~?>을 사용한다.

얼마나 오래　　　　당신은 머물 예정입니까　　　여기에
(의문사)　　　　　　(미래의 의문)　　　　　　　(부사)

↓　　　　　　　　　　↓　　　　　　　　　↓

How long　　**will you stay**　　**here?**
　　　　└ **are you going to stay**라도 좋다.

❷ How long은 여러 가지로 표현되므로 주의한다.

ⓐ **How long do you study English every day?**
　　몇 시간 정도 당신은 매일 영어를 공부합니까?

ⓑ **How long can I keep(borrow) these?**
　　<u>언제까지</u> 이것들을 빌릴 수 있습니까?
　　　　　└ 시간이나 기간의 길이를 묻는 [어느 정도]

❸ How long은 미래형이나 현재형의 의문문으로 자주 나오지만 계속을 나타내는 현재완료형의 의문문으로도 시험에 출제되기도 한다.

How long has he been sick (ill)? 그는 병이 걸린 지 얼마나 되었습니까?
└ [어느 정도(의 기간) 계속 병이었는지]로 현재완료(계속)의 의문문이 된다.

📦 Bonus 확장하기

알아두면 말하기도 좋은 <How + 형용사(부사)> 표현들
[얼마나 자주] 즉 횟수를 묻는 질문에는 <How often~?>을 사용한다. 나이나 키를 물 때는 <How old~?>나 <How tall~?>을 사용한다.

예 **How often do you listen to music?** 너는 얼마나 자주 음악을 듣니?

How long will you stay here?
당신은 여기에 어느 정도 머물 예정입니까?

🖉 Try more 말하고 써보기

1 얼마나 긴 여행입니까? (journey)

_____

2 당신은 뉴욕(New York)에 어느 정도 체재할 예정입니까?

_____

3 파리에는 얼마나 머물렀니?

_____

4 비행기에서 거기에 가려면 어느 정도 시간이 걸립니까? (by plane)

_____

5 학교에 얼마나 자주 걸어가니?

_____

6 몇 살이니?

_____

7 키가 얼마나 되세요?

_____

Answers
1. How long is the journey?
2. How long will you stay in New York?
3. How long were you in Paris?
4. How long does it take to go there by plane?
5. How often do you walk to school?
6. How old are you?
7. How tall are you?

최강영작 32 의문사 **why**

🔑 Key Point 기본문형 파악하기

❶ why[왜]는 이유를 물을 때 쓰는 의문사이다.

왜	당신은 공부하는 것입니까?	역사를
(의문사)	(do + 주어 + 동사의 원형)	(부사)
↓	↓	↓
Why	**do you study**	**history ?**

└ 주의) 주어가 **you**이므로 **do**를 사용한다.

❷ Why의 뒤에는 일반동사의 의문문과 be동사의 의문문도 나온다.

- 일반동사의 의문문

  Why do you want to be a teacher? 당신은 왜 선생님이 되고 싶은 것입니까?

- be동사의 의문문

  Why were you late for school today? 당신은 오늘 왜 지각한 것입니까?

📦 Bonus 확장하기

Why로 질문을 받았을 때는 Because(왜냐하면)로 시작해서 대답한다.

- 가끔 Because가 생략되는 경우도 있다.

  예 **Why did you stay home?** 당신은 왜 집에 있었던 것입니까?

  → **Because I was sick.** 병에 걸렸기 때문입니다.

- [~하는 게 어떨까?]라는 권유의 표현으로 자주 쓰이는 Why don't you~? 표현도 알아둔다.

  예 **Why don't you take a break?** 좀 쉬지 그래?

Why do you study history?
당신은 왜 역사를 공부합니까?

✎ Try more 말하고 써보기

1 왜 그렇게 항상 바빠요?

_____

2 왜 오늘 아침 일찍 일어났니?

_____

3 검은색이 왜 더 비싼가요? (expensive)

_____

4 어제 왜 학교를 늦은 거니?

_____

5 왜 그렇게 걱정을 해?

_____

6 우리집에 가서 자지 않을래? (Why don't you ~)

_____

7 그에게 물어보는 게 어때요?

_____

_____

Answers

1. Why are you always so busy?
2. Why did you get up early this morning.
3. Why are the black ones more expensive?
4. Why were you late for school yesterday?
5. Why do you worry so much?
6. Why don't you sleep at my place tonight?
7. Why don't you ask him?

She can cook Chinese food.
What can we do in the afternoon?
She could arrive before long.
May I use this pencil?
I must read this book by next week.
I have to read this book by next week.

 Key Point

 Bonus

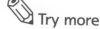 Try more

08

조동사

can의 긍정문

 Key Point 기본문형 파악하기

❶ 조동사 can은 [**∼할 수 있다.**]는 능력과 [**∼을 해도 좋다.**]는 허가를 표현하는 두 가지의 뜻이 있다.

ⓐ 긍정문 ➜ 주어 + can + 동사원형

I can climb a mountain. 나는 산을 오를 수 있어. (능력)

You can use my pencil. 너는 내 연필을 써도 돼. (허가)

ⓑ 부정문 ➜ 주어 + cannot + 동사원형

I cannot cook. 나는 요리를 못해. (능력)

You cannot borrow the books. 너는 그 책들을 빌려갈 수 없어. (허가)

❷ can 뒤의 동사는 주어가 뭐든 간에 원형을 쓴다. 부정문은 <cannot + 동사원형>으로 나타낸다.

She can <u>cook</u> Chinese food.
                └, 동사원형
➜ 부정문은 She cannot cook Chinese food.

🎁 **Bonus** 확장하기

• can은 be able to로도 표현할 수 있다. 이때 able to 다음에 오는 동사는 원형을 써야 한다.

She <u>is able to</u> speak English. 그녀는 영어로 말할 수 있다.

= **She <u>can</u> speak English.**

• [그는 노래에 능숙합니다.]도 can을 사용하여 나타낸다.

He <u>is good at</u> singing. = He is a <u>good</u> singer. = He <u>can</u> sing well.

She can cook Chinese food.
그녀는 중국 음식을 만들 수 있습니다.

✏️ **Try more** 말하고 써보기

1 나는 정말 빨리 달릴 수 있다.

_____

2 그는 운전을 못한다.

_____

3 나는 매우 능숙하게 기타를 연주할 수 있습니다.

_____

4 우리들은 봄에 아름다운 꽃을 많이 볼 수 있습니다.

_____

5 당신은 이곳에 음식을 가져오면 안 됩니다.

_____

6 언제든지 도움을 청해도 좋다. **(at any time)**

_____

7 부엉이 눈은 어둠 속에서도 볼 수 있다. **(penetrate)**

_____

Answers

1. I can run very fast.
2. He cannot drive a car.
3. I can play the guitar very well.
4. We can see many beautiful flowers in spring.
5. You can't bring any food here.
6. You can ask me for help at any time.
7. The eyes of owls can penetrate the dark.

can의 의문문

🔑 Key Point 기본문형 파악하기

❶ can의 의문문은 <can + 주어 + 동사원형~?>으로 나타낸다. 예문에서 [무엇]의 what은 의문사이므로 문두에 둔다.

무엇을	우리들은 할 수 있습니까?	오후에
(의문사)	(can + 주어 + 동사의 원형)	
↓	↓	↓
What	**can we do**	**in the afternoon?**

❷ 의문사가 붙지 않는 문형은 모두 허가를 구하는 <Can I~ ? (=May I ~?)>의 패턴이다. 대답은 Yes, I can.이나 No, I can't.로 하면 된다. 의문사가 붙는 문형에서는 can의 앞에 의문사를 둔다.

> 예 **Can(May) I go fishing tomorrow?** 내일 낚시하러 가도 될까요?
> ※ <Can I ~?>가 <May I~?>보다 더 허물없는 어투로 친한 사람들 사이에서 쓰인다.

> 예 **How can he get the right answer?** 그는 어떻게 하면 해답을 얻을 수가 있습니까?

📦 Bonus 확장하기

현재형이나 미래형도 알아두면 좋다. [~할 수 있다.]는 can을 써서 나타내면 좋지만 <be동사를 사용하여>라는 조건이 붙으면 be able to를 써야 한다. 그런 경우에는 시제와 주어에 주의하여 be동사를 구분하여 써야 한다.

- 현재형 ➜ can = is (am, are) able to
- 과거형 ➜ could = was(were) able to
- 미래형 ➜ (~ 가능하겠지)는 will be able to ~. can의 미래형은 will be able to이다.

> 예 **I will be able to go shopping with you.** 나는 너와 쇼핑하러 갈 수 있을 거야.

What can we do in the afternoon?
우리들은 오후에 무엇을 할 수 있습니까?

✎ **Try more** 말하고 써보기

1 당신 클럽에 들어가도 됩니까?

_____

2 다른 날로 연기해줄래요? (postpone)

_____

3 역에는 어떻게 가면 좋을까요?

_____

4 한 번 더 설명해 주시겠습니까?

_____

5 주중에 시간 좀 내 주실 수 있어요? (free up some time)

_____

6 방에 몇 명의 소년이 보입니까? (How many boys ~)

_____

7 당신은 곧 헤엄칠 수 있을 것입니다.

_____

Answers

1. Can I join your club?
2. Can you postpone it for another day?
3. How can I go to the station?
4. Can you please tell me one more time?
5. Can you free up some time for me during the week?
6. How many boys can you see in the room?
7. You will be able to swim soon.

최강영작
35

조동사 **could**

🔑 Key Point 기본문형 파악하기

❶ could는 can의 과거형으로 [**∼ 할 수 있었다.**]라는 실제로 벌어진 일보다는 현재나 미래의 불확실한 추측, 가능성에 쓰인다. 예문에서 [**도착할 것이다.**]가 동사부분이므로 <could + 동사의 원형>을 써준다.

그녀는	도착할 것이다.	머지 않아
(주어)	(동사부분)	(곧 – **soon**으로 써도 좋다.)
↓	↓	↓
She	**could arrive**	**before long.**

❷ 질문을 할 때 can보다 정중하거나 부드러운 표현으로 사용한다.

> 예 **Could you** lend me 5 dollars? 5달러만 빌려 주실 수 있으세요?
> **Could you** possibly turn music down a little, please?
> 음악 소리 조금만 줄여주시겠습니까?

❸ 시제일치 문장을 잘 알아둔다. <so∼ that….> 이 과거형일 경우의 that 다음에 could나 부정형의 could not(= couldn't) 의 문제가 자주 나온다.

> 예 His love for her was so strong that he **couldn't** forget her.
> 그녀를 향한 그의 사랑은 매우 강했기 때문에 그는 그녀를 잊을 수 없었다.

📦 Bonus 확장하기

[**∼할 수 있다.**]의 2가지 표현과 과거형도 정리해 두어야 한다.

∼ 할 수가 있다.	→	∼할 수가 있었다.
can + 동사의 원형		**could** + 동사의 원형
is able to + 동사의 원형		**was able to** + 동사의 원형
└ 주어가 **I-am, you**와 복수-**are**		└ 주어가 **you**나 복수라면 **were**

> 예 I **couldn't** get there on time. 나는 정시에 그곳에 가지 못했다.
>
> = I **wasn't able to** get there on time.

She could arrive before long.
그녀는 머지않아 도착할 것이다.

✎ **Try more** 말하고 써보기

1 밤에는 하늘에 별이 많이 보였다. (we ~)

_____

2 많은 범죄가 예방될 수 있을 것이다. (A lot of crime ~)

_____

3 안전벨트를 매주시겠습니까? (Could you please ~)

_____

4 어찌나 우스운지 웃음을 참을 수가 없었다.

_____

5 나는 정시에 그곳에 가지 못했다.

_____

6 경찰서 가는 길을 가르쳐 주실 수 있나요? (police station)

_____

7 그 질문들은 매우 쉬웠기 때문에 우리들 모두가 대답할 수 있었다.

_____

Answers
1. We could see many stars in the sky at night.
2. A lot of crime could be prevented.
3. Could you please fasten your seat belt?
4. It was so funny that I could not help laughing.
5. I couldn't get there on time.
6. Could you tell me the way to the police station?
7. Those questions were so easy that all could answer them.

최강영작

36

조동사 **may**

🔑 Key Point 기본문형 파악하기

❶ 조동사 may는 [∼해도 좋다.]는 허가와 [∼일지도 모른다.]라는 추측을 나타내는 조동사이다. may 뒤에는 동사의 원형을 쓴다. 부정문은 may 다음에 not을 붙인다.

You may go home early. (허가) 너는 일찍 집에 갈 수 있어.

The answer may not be correct. (추측) 이 답은 맞지 않을 수도 있어.

❷ [∼해도 좋습니까]는 May I ∼?

이 연필을 <u>사용해도 좋습니까?</u>
       ㄴ 허가를 구하는 [(제가)∼해도 좋습니까?]

        ㄴ May I ∼?에서 may는 [∼해도 좋다.]의 의미를 나타내는 조동사로서 문장이 의문문이므로 주어 앞에 나온 형태이다.

➜ 격의 없는 말투로는 Can I use ∼?도 쓸 수 있다.

📦 Bonus 확장하기

조동사의 may는 그 대부분이 <May I ∼?>의 의문문으로 시험에 나오는 경우가 많으므로 <May I + 동사의 원형∼?> ➜ [∼해도 좋습니까?] 문형을 잘 알아둔다.

㉝ May I open the window(s)? 창을 열어도 좋습니까?

May I go there with Mina? 미나랑 거기에 가도 좋습니까?

May I help you? (점원이 손님을 향하여) 무엇을 도와드릴까요?

May I use this pencil?
이 연필을 사용하여도 좋습니까?

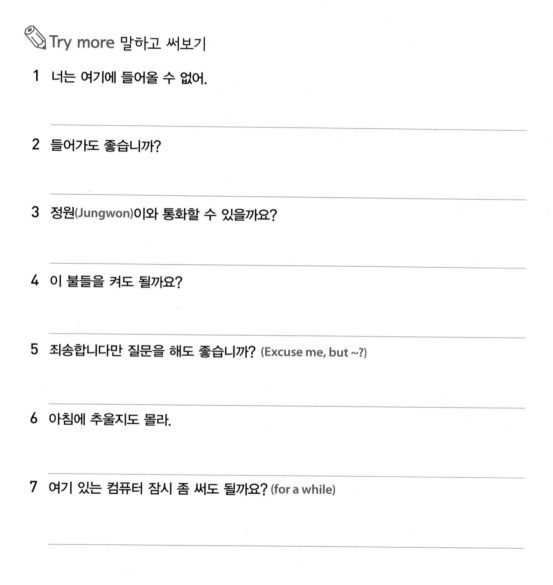

✎ Try more 말하고 써보기

1 너는 여기에 들어올 수 없어.

_____

2 들어가도 좋습니까?

_____

3 정원(Jungwon)이와 통화할 수 있을까요?

_____

4 이 불들을 켜도 될까요?

_____

5 죄송합니다만 질문을 해도 좋습니까? (Excuse me, but ~?)

_____

6 아침에 추울지도 몰라.

_____

7 여기 있는 컴퓨터 잠시 좀 써도 될까요? (for a while)

_____

Answers

1. You may not enter here.
2. May I come in?
3. May I speak to Jungwon?
4. May I turn on the lights?

5. Excuse me, but may I ask you a question?
6. It may be cold in the morning.
7. May I use this computer for a while?

97

조동사 must

🔑 Key Point 기본문형 파악하기

❶ 조동사 must는 [~해야 한다. ~하지 않으면 안 된다.]는 강한 의무를 나타낸다. must 뒤의 동사는 언제든 원형이 온다.

나는	읽지 않으면 안 됩니다.	이 책을	다음 주까지
↓	↓	↓	↓
I	must read	this book	by next week.

└ **have to read** 로 바꿔쓸 수 있다.

❷ 부정문은 [~해서는 안 된다.]는 강한 금지의 표현으로 <must not + 동사의 원형>을 쓰고, 그보다 약한 표현으로는 [~하지 않아도 된다.]는 의미의 don't have to를 쓴다.

예 **You <u>must not play</u> on the street.** 거리에서 놀면 안 된다. (금지)

🎁 Bonus 확장하기

must는 [~하지 않으면 안 된다.]의 의미 외에 [~에 틀림없다.]는 의미로 강한 추측을 나타내기도 한다.

~ 하지 않으면 안 된다. ~ 임에 틀림없다.	**must + 동사의 원형**

예 **He <u>must be</u> a teacher.** 그는 선생님이 틀림없다.

➔ be를 잊지 말 것

I must read this book by next week.
나는 다음 주까지 이 책을 읽지 않으면 안 됩니다.

✏️ Try more 말하고 써보기

1 나는 지금 집에 가야 한다.
   _____

2 나는 집에서 공부해야 한다.
   _____

3 그녀는 지금 떠나야 한다.
   _____

4 당신은 매일 그것에게 먹이를 주지 않으면 안 된다.
   _____

5 두 가지 일을 같이 해서는 안 된다. (at a time)
   _____

6 그 소문은 사실임에 틀림없어.
   _____

7 비밀을 누설하면 안 된다. (let out)
   _____

Answers

1. I must go home now.
2. I must study at home.
3. She must leave now.
4. You must give it food every day.

5. You must not do two things at a time.
6. The rumor must be true.
7. You must not let out the secret.

최강영작 38 have to

🔑 **Key Point** 기본문형 파악하기

❶ **[～하지 않으면 안 된다.]**는 <주어 + have(has) to + 동사의 원형>으로 표현한다. 여기서 have to가 인칭이나 시제에 따라 변한다는 것에 유의한다.

나는	읽지 않으면 안 된다.	이 책을	다음 주까지
↓	↓	↓	↓
I	**have to read**	**this book**	**by next week.**
	└ **have to** + 동사의 원형		└ 기한을 나타내며 [～까지]는 **by**~.

❷ 부정문 **[～하지 않아도 좋다.]**는 <don't have to + 동사의 원형>으로 쓴다.

> 예 **You don't have to get up so early.** 너는 그렇게 빨리 일어나지 않아도
> 좋다.　　　　　└ **must not**~은 [～하면 안 된다.]
> 　　　　～하지 않아도 좋다 ← **have to**의 부정문을 쓴다.
> 　　　　**don't have to** + 동사의 원형

❸ 과거형 **[～해야 했다, ～하지 않으면 안 되었다.]**는 had to ~.

> 예 **He had to stay there all winter.** 그는 겨울 내내 그곳에 머물지 않으면
> 안 되었다.
>
> ※ 같은 의미로 쓰이는 must의 경우 과거형은 없으므로 had to ~를 쓴다.

✚ **Bonus** 확장하기

have to~의 의문문이나 부정문은 보통 일반동사의 문장을 의문문이나 부정문으로 만드는 것과 같은 방법으로 하면 된다.

긍정문		You(주어)		have to ~.
의문문	Do	you(주어)		have to ~?
부정문		You(주어)	don't	have to ~.

I have to read this book by next week.
나는 다음 주까지 이 책을 읽지 않으면 안 됩니다.

✎ Try more 말하고 써보기

1 그녀는 시험에 합격해야만 한다.

_____

2 나는 지금 집에 갈 필요는 없다.

_____

3 그 소년은 지금 유치원에 가야만 하나요? (kindergarten)

_____

4 그는 왜 빨리 일어나지 않으면 안 되는 겁니까? (Why does he ~)

_____

5 그녀는 여러번 사전을 사용해야 했다.

_____

6 우리는 다음 주 월요일까지 이 문제를 해결해야만 한다. (resolve)

_____

7 얼마나 더 오래 기다려야 하죠? (How much longer ~)

_____

Answers

1. She has to pass the exam.
2. I don't have to go home now.
3. Does the boy have to go to kindergarten now?
4. Why does he have to get up early?

5. She had to use her dictionary many times.
6. We have to resolve this problem by next Monday.
7. How much longer do I have to wait?

Paul will come tomorrow.

They are going to eat lunch in the garden.

What are you going to be?

 Key Point

 Bonus

 Try more

미래를 나타내는 조동사

will ~ (긍정문)

🗝️ Key Point 기본문형 파악하기

❶ 미래형은 <will + 동사의 원형>으로 나타낸다. 그러므로 [올 예정입니다.] 문장에서는 come의 미래형을 써야 하므로 will come이라고 표현한다. will 대신에 be going to를 쓰기도 한다.

❷ will ~은 [~ 할 예정이다, ~ 하겠지, ~ 하겠습니다.]라고도 표현될 수 있다.

Paul	**will come**	**tomorrow.**
	⬇️	(내일)
	올 예정입니다.	(미래를 나타내는 어구들)
	올 계획입니다.	**next week** (다음 주)
	올 것입니다.	**this afternoon** (오늘 오후)
	<u>오겠습니다.</u>	**soon** (곧바로)
	└ (주어가 **I** 나 **We**일 경우)	**some day** (언젠가)

📦 Bonus 확장하기

I hope (that) 다음에 오는 미래형의 문장도 같이 익혀두자.

예 **I hope (that) you will write to me soon.**
당신이 즉시 답장을 써 주시기를 희망합니다.

Paul will come tomorrow.
폴이 내일 올 예정입니다.

✎ **Try more** 말하고 써보기

1 저희들은 방과 후 배구를 할 예정입니다. **(volleyball)**

_____

2 나는 영어 수업을 들을 예정입니다.

_____

3 아버지는 곧 돌아오실 겁니다.

_____

4 그들은 버스를 탈 거예요.

_____

5 그는 태권도를 배울 예정입니다.

_____

6 우리는 정원 중학교를 상대로 축구를 할 예정입니다. **(Jungwon Middle School)**

_____

7 내일 날이 맑으면 좋겠습니다. **(I hope (that) ~)**

_____

Answers
1. We will play volleyball after school.
2. I will take English lessons.
3. My father will be back soon.
4. They will take a bus.
5. He will learn Taekwondo.
6. We will play soccer against Jungwon Middle School.
7. I hope (that) it will be fine tomorrow.

be going to ~

🔑 Key Point 기본문형 파악하기

❶ [∼할 예정이다.]는 미래를 나타내므로 동사를 미래시제로 나타낸다.
미래형은 <will + 동사원형>과 <be going to + 동사의 원형>이 있다. <be going to + 동사의 원형>은 거의 확실히 일어나는 가까운 미래의 계획이나 예정을 나타낸다.

그들은 　　　　점심을 먹을 예정이다. 　　　　　　　정원에서
　　　　　　　(**eat**의 미래시제)

⬇　　　　　⬇　　　　　　　　　　　⬇

They　are going to eat lunch　　in the garden.
　　　(**be going to**) + (동사의 원형)
　　　　└, 주어가 복수이므로 **be**동사는 **are**를 쓴다.

❷ 미래형 will∼과 be going to∼는 둘 다 자주 사용되는 표현이므로 모두 구사할 수 있도록 연습한다.

[∼하려고 하다 / ∼할 예정이다 / ∼할 것이다 / ∼하겠습니다 / ∼하기로 되어 있다] ➔ **be going to** + 동사의 원형
　　　　　　　　　　　will + 동사의 원형

📦 Bonus 확장하기

will은 조동사이므로 주어의 인칭과 관계없이 항상 원형을 쓰지만 be going to는 be동사 부분이 주격 대명사에 따라 변한다.

예 **We are going to buy some snacks.** 우리는 약간의 간식을 살 것이다.

They are going to eat lunch in the garden.
그들은 정원에서 점심을 먹을 예정입니다.

✎ Try more 말하고 써보기

1 그는 그곳에서 1년간 머물 예정이다.

_____

2 존(John)은 음악을 공부할 것이다.

_____

3 나는 강아지를 산책시킬 것이다.

_____

4 우리들은 호수 근처의 호텔에 묵을 예정입니다. **(near the lake)**

_____

5 나는 조부모님 댁을 방문할 예정이다.

_____

6 우리들은 2시 정각에 김 선생님을 만나기로 되어있습니다.

_____

7 나는 오늘 아무것도 하지 않을 거야.

_____

Answers
1. He is going to stay there for a year.
2. John is going to study music.
3. I am going to walk the dog.
4. We are going to stay at the hotel near the lake.
5. I am going to visit my grandparents.
6. We are going to see Mr. Kim at two o'clock.
7. I am going to do nothing for today.

미래 의문문

🔖 Key Point 기본문형 파악하기

❶ will과 be going to의 의문문은 '미래에 무엇을 할 거니?'라고 묻는 질문이 된다. 문장을 살펴보면 **[될 계획입니까?]**는 미래의 의문문이다.

당신은 ~가 될 예정입니까?

⬇ (미래의 의문문)

└, 미래형은 **(be going to + 동사의 원형)**
의문문은 **be**동사를 주어의 앞으로 보낸다.

Are you going to be (무엇)**?**

➜ **What are you going to be?**

└, 여기서 무엇을 나타내는 **What**이 의문사이므로 문두에 나온다.

❷ <Are you going to ~?> 의 앞에 의문사가 붙는 형이 많다.

> 예 **What are you going to do?** 무엇을 할 것인가?
>
> **How long are you going to stay?** 얼마나 묵을 예정인가?
>
> **When are you going to start?** 언제 출발할 것인가?
>
> **What time are you going to meet?** 몇 시에 만날 예정인가?

📦 Bonus 확장하기

will의 의문문에 대해서는 <Yes, 주어 + will>, <No, 주어 + will not>로 대답하고 be going to의 의문문에 대해서는 <Yes, 주어 + be동사>나 <No, 주어 + be동사 not>으로 대답한다.

What are you going to be?
당신은 무엇이 될 예정입니까?

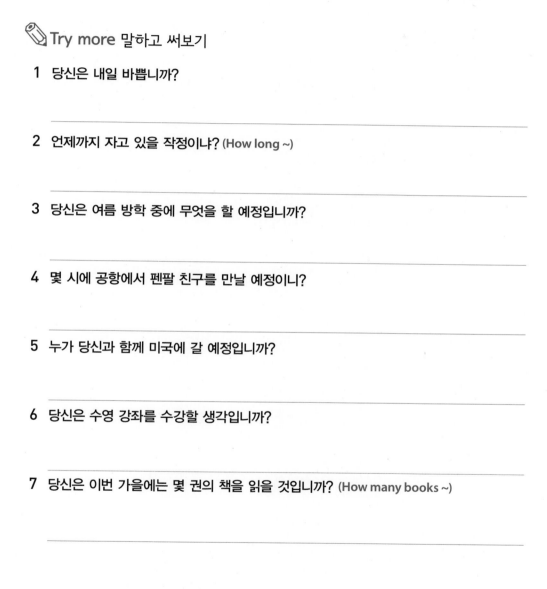

✎ Try more 말하고 써보기

1 당신은 내일 바쁩니까?

_____

2 언제까지 자고 있을 작정이냐? (How long ~)

_____

3 당신은 여름 방학 중에 무엇을 할 예정입니까?

_____

4 몇 시에 공항에서 펜팔 친구를 만날 예정이니?

_____

5 누가 당신과 함께 미국에 갈 예정입니까?

_____

6 당신은 수영 강좌를 수강할 생각입니까?

_____

7 당신은 이번 가을에는 몇 권의 책을 읽을 것입니까? (How many books ~)

_____

Answers

1. Will you be busy tomorrow?
2. How long will you stay in bed?
3. What are you going to do during the summer vacation?
4. What time will you see your pen pal at the airport?

5. Who will go to America with you?
6. Are you going to take a swimming class?
7. How many books are you going to read this fall?

I like math and music.

She is loved by many students, because she is kind.

When he heard that, he looked very happy.

I hope (that) you will write to me soon.

If you are free, let's go fishing.

10
접속사

등위접속사 and

🔑 Key Point 기본문형 파악하기

❶ 단어와 단어, 문장과 문장을 연결해주는 말을 접속사라고 한다. 말과 말이 같은 입장에서 연결되어 있는 것을 등위접속사, 주인 역할을 하는 문장과 그것을 따라가려는 절을 연결하는 접속사는 종속접속사라고 한다. 등위접속사 and는 앞과 뒤의 내용을 대등하게 연결해주고 이것이 동사의 목적어가 된다.

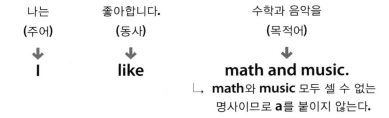

나는	좋아합니다.	수학과 음악을
(주어)	(동사)	(목적어)
↓	↓	↓
I	like	math and music.

└ **math**와 **music** 모두 셀 수 없는
　 명사이므로 **a**를 붙이지 않는다.

❷ 단어와 단어를 연결하는 and와 문장과 문장을 연결하는 and의 쓰임에 익숙해진다.

my uncle and her family 삼촌과 그녀의 가족

a piano and a table 피아노와 테이블

주의) table의 앞의 a를 잊지 말 것.

big and strong 크고 강하다

📦 Bonus 확장하기

문장과 문장을 연결할 때 and는 [그리고]의 의미이지만, 해석하지 않는 경우도 많다.

예 **We will leave next week, and stay in Seoul for five days.**
우리들은 다음 주에 출발하여, 5일간 서울에 머물 예정입니다.

※ 콤마는 넣어도, 넣지 않아도 되고 and 다음의 we will은 생략가능하다.

I like math and music.
나는 수학과 음악을 좋아한다.

✎ Try more 말하고 써보기

1 나는 스커트와 블라우스를 샀다.

_____

2 나는 빵과 우유 한 잔을 먹고 마셨다.

_____

3 우리들에게 영어노래와 게임을 가르쳐 주십시오. (Please teach us ~)

_____

4 공원까지 곧바로 가서 오른쪽으로 돌아가세요.

_____

5 그녀는 테니스와 수영을 좋아합니다.

_____

6 그가 말하니 모두들 잠잠해졌다. (all was still)

_____

7 그 인형은 사랑스럽고 예쁘다.

_____

Answers

1. I bought a skirt and a blouse.
2. I ate some bread and drank a glass of milk.
3. Please teach us some English songs and games.
4. Go straight to the park and turn to the right.

5. She likes tennis and swimming.
6. He spoke and all was still.
7. The doll is lovely and pretty.

종속접속사 **because**

🔑 Key Point 기본문형 파악하기

❶ because는 이유를 나타내는 종속접속사로 [**~하기 때문에**]로 해석한다.

<table>
<tr><td>그녀는 많은 학생들에게 사랑받고 있습니다</td><td>그녀는 친절하기 때문에</td></tr>
<tr><td>(현재형의 수동태)</td><td>(이유를 설명)</td></tr>
</table>

⬇   ⬇

She <u>is loved</u> by many students,   <u>because</u> she is kind.

❷ because는 [**(왜냐하면) ~이기 때문에**]의 의미를 나타내는 접속사로 because 의 다음에는 문장이 온다.

> 예 **I like winter the best, because I can enjoy skiing with my family.** 가족과 스키를 즐길 수 있기 때문에 나는 겨울이 가장 좋습니다.

📦 Bonus 확장하기

[Why~ ?]에 대한 이유를 답하는 문장으로도 나온다. 그 때에는 Because로 문장을 시작한다.

> 예 **Why do you want to be a teacher?** 당신은 왜 선생님이 되고 싶은 것입니까?

> → **Because I like children.** (왜냐하면) 아이들이 좋기 때문입니다.

She is loved by many students, because she is kind. 그녀는 친절하기 때문에 많은 학생들에게 사랑받고 있습니다.

✏️ Try more 말하고 써보기

1 늦었으니까 주무세요.

_____

2 아파서 결석했어요.

_____

3 난 그의 전화번호를 몰라서 전화를 할 수가 없었어요.

_____

4 나는 코가 막혀 냄새를 맡을 수 없다. (stuffy)

_____

5 우리는 그녀가 정직하므로 그녀를 더 사랑한다.

_____

6 나는 호기심 때문에 그것을 만졌어요. (curious)

_____

7 신디(Cindy)는 영어를 아주 좋아하므로 한국에서 영어 교사가 되고 싶어한다.

_____

Answers
1. Go to bed, because it is late.
2. I was absent, because I was sick.
3. I can't call him, because I don't know his phone number.
4. I cannot smell because I am stuffy.
5. We love her all the more because she is honest.
6. I touched it because I was curious.
7. Cindy want to be a English teacher in Korea, because she likes English very much.

최강영작 44 · 때를 나타내는 접속사 **when**

🔑 Key Point 기본문형 파악하기

❶ when이 때를 나타내는 접속사로 쓰일 때에는 [~할 때]로 해석한다. [A일 때, B]에서 [When A, B]의 A와 B에는 (주어 + 동사…)의 문장이 온다.

~할 때	그가 그것을 들었다.	그는 매우 행복해 보였다.
↓	↓	↓
When	**he heard that,**	**he looked very happy.**

└ **when**의 뒤에는 문장이 오므로 주어 [그가]를 넣어서 쓴다.

└ **SVC**의 문장

❷ [When A, B]는 [B when A]로 바꾸어도 된다.

He looked very happy when he heard that.

└ 콤마는 넣지 않는다.

❸ [~했을 때], [~할 때], [~시절에]처럼 과거는 그대로 과거형으로 표현한다.

when I was young (내가) 젊었을 때
when I was a boy (내가) 소년이었을 때
when I came home (내가) 집에 왔을 때
when I was a student (내가) 학생시절에

📦 Bonus 확장하기

[때]를 나타내는 when~의 문장은 미래의 일이라도 현재형으로 나타내는 점에 주의한다.

예 나는 <u>어른이 되면</u> 선생님이 되고 싶습니다.
　　　　└ 과거가 아니라 미래의 일

I want to be a teacher when I <u>grow up</u>.
　　　　　└ 현재형을 쓴다.

When he heard that, he looked very happy.
그는 그것을 들었을 때 매우 행복한 듯이 보였다.

✎ **Try more** 말하고 써보기

1 나는 지루할 때 종종 조깅을 한다.

_____

2 소방관들이 도착했을 때, 집은 활활 타오르고 있었다. (blazing)

_____

3 나는 소년이었을 때 개를 기르는 것을 좋아하였습니다. (keep a dog)

_____

4 밤 늦게 집에 들어가자 엄마의 얼굴에 찬바람이 일었다. (cold look)

_____

5 그녀를 만났을 때 그녀는 무엇을 하고 있었습니까? (What was she ~)

_____

6 그녀가 여섯 살이었을 때 그녀는 인형을 가지고 놀곤 했습니다.

_____

7 미나는 학교에서 돌아오면 부엌에서 엄마를 돕습니다.

_____

Answers

1. When I am bored, I often go jogging.
2. When the firefighters arrived, the house was blazing.
3. When I was a boy, I liked to keep a dog.
4. My mother gave me a cold look when I came home late at night.
5. What was she doing when you met her?
6. When she was six, she played with dolls.
7. When Mina comes home from school, she helps her mother in the kitchen.

접속사 **that**

🔑 Key Point 기본문형 파악하기

❶ that은 문장 속에서 주어, 목적어, 보어 역할을 하는 접속사이다. 아래 예문에서 [(희망을 담아) ～라고 생각한다.]는 <I hope ~.>이다.

나는	(희망을 담아) 생각하다.	당신이 나에게 바로 답장을 쓰는 (일을)
(주어)	(동사)	(문장이 목적어)
⬇	⬇	⬇
I	hope	you will write to me soon.

※ 목적어에 문장이 올 때는 접속사 that으로 연결한다.

예 **I hope __that__ you will write to me soon.**
       └ that은 생략할 수 있다.

❷ <I hope (that) ~.> 은 다양하게 해석이 가능하다.

예 **I hope (that) she will join us.**

→ 나는 그녀가 참가하기를 희망합니다.(바랍니다)

→ 나는 그녀가 참가해 준다면 좋겠다고 생각합니다.

→ 그녀가 참가한다면 좋겠다.

📦 Bonus 확장하기

많이 나오는 표현

I think (that) ~. 나는 ~라고 생각한다.

He says (that) ~. 그는 ~라고 말하고 있다.

I know (that) ~. 나는 ~라고 하는 것을 알고 있다.

I hope (that) you will write to me soon.
나는 당신이 바로 답장을 써 준다면 좋겠다고 생각합니다.

✎ Try more 말하고 써보기

1 나는 그가 똑똑하다고 생각한다.

_____

2 내일은 맑은 날씨가 되었으면 하고 생각한다.

_____

3 나는 네가 행복하기를 바란다.

_____

4 나는 우리가 좋은 친구라고 생각한다.

_____

5 나는 우정이 가장 중요한 것이라고 생각합니다. (friendship)

_____

6 그가 말하길 그것이 수영보다 안전하대. (He says ~)

_____

7 나는 이것이 옳지 않다는 걸 안다.

_____

Answers
1. I think that he is smart.
2. I hope that the weather will be fine tomorrow.
3. I hope that you are happy.
4. I think that we are good friends.
5. I think that friendship is the most important.
6. He says it's safer than swimming.
7. I know this is not right.

만약 ~라면 if

 Key Point 기본문형 파악하기

❶ [만약 A라면 B]는 <If A, B>로 나타낸다. A와 B에는 (주어 + 동사 …)의 형태의 문장이 온다.

만약	당신이 한가하다면	낚시를 가자.
⬇	⬇	⬇
If	**you are free,**	**let's go fishing.**

※ [~하자]는 let's~.를 사용하고 [~하러 간다.]는 go -ing로 표현한다.
Let's go fishing if you are free.로 바꿔써도 상관 없다.

❷ if는 미래나 현재에 일어날 가능성이 있는 일을 말할 때 쓴다.

ⓔ **If you finish your meal, I will give you ice cream.**
밥을 다 먹으면 아이스크림 줄게.
➔ 밥을 다 먹어야 아이스크림을 준다는 뜻

ⓔ **If I go to LA, I will visit Hollywood.**
나는 LA에 가면 할리우드에 가볼 거야.
➔ LA에 갈 가능성이 있다는 뜻

🎁 **Bonus** 확장하기

if not은 그렇지 않다면 [그것이 아니라면]의 뜻이다. if로 시작하는 문장에서 if 뒤에 써서 다른 내용의 제안을 도입할 때도 쓴다.

ⓔ **I'll go if you're going. <u>If not</u> I'd rather stay at home.**
네가 가면 나도 갈 거야. 그게 아니면 그냥 집에 있을래.

If you are free, let's go fishing.
만약 한가하다면 낚시하러 가자.

✎ Try more 말하고 써보기

1 원한다면 둘러보아도 좋아. (look around)

_____

2 만약 음악을 좋아하면 너에게 이 CD를 줄게.

_____

3 끝나셨으면 제가 컴퓨터를 좀 써도 될까요?

_____

4 만약 놓치면 넌 후회할 거야.

_____

5 금요일 저녁에 출발하면 일요일 저녁에 돌아올 수 있다.

_____

6 속도를 내지 않으면 제 시간에 갈 수 없어요. (step on the accelerator)

_____

7 그녀는 즉시 치료하지 않으면 사망할 것이다. (treat immediately)

_____

Answers

1. If you want, you can look around.
2. If you like music, I will give you this CD.
3. If you're finished, may I use the computer?
4. If you miss it, you'll regret it.
5. If we leave Friday evening, we can come back Sunday evening.
6. If I don't step on the accelerator, we won't be there on time.
7. She would die if not treated immediately.

You can get on the bus here.

My father is always busy.

Key Point

 Bonus

 Try more

11
부사

부사의 종류

 Key Point 기본문형 파악하기

❶ 부사는 동사, 형용사 등 다양한 말들을 수식하는 역할을 한다. 부사의 종류로는 시간을 나타내는 부사, 장소를 나타내는 부사, 방법을 나타내는 부사, 정도를 나타내는 부사, 빈도를 나타내는 부사 등이 있다.

You can get on the bus <u>here</u>.

➜ 이 문장에서 here는 장소를 나타내는 부사이다.

❷ 부사의 특징을 알아둔다.

I read books <u>slowly</u>. (동사를 꾸민다.)

This flower is <u>very</u> beautiful. (형용사를 꾸미며 주어의 상태를 강조한다.)

The player runs <u>so</u> fast. (다른 부사를 꾸민다.)

<u>Luckily</u>, I got a perfect score. (문장의 앞에서 문장 전체를 꾸민다.)

Bonus 확장하기

부사는 형용사에 –ly를 붙인 것이 가장 많고 그외 형용사와 부사의 모양이 같은 것도 있다.

㉝ 형용사에 –ly를 붙인다. 이때 e로 끝나면 e를 빼고 –ly를 붙이고 –y로 끝나면 y를 i로 고친 후 –ly를 붙인다.

careful ➜ carefully, true ➜ truly, happy ➜ happily

㉝ 형용사와 부사의 모양이 같은 경우도 있다.

fast, early, late

You can get on the bus here.
너는 여기에서 버스를 타면 된다.

✎ **Try more** 말하고 써보기

1 그는 친절하게 질문에 대답해 주었다.

_____

2 나는 오늘 생일 파티를 한다.

_____

3 그녀는 검정 생머리이다.

_____

4 나는 이른 아침을 먹는다.

_____

5 다행히도 나는 가방을 발견했다. **(Happily, ~)**

_____

6 그 소년은 매우 빨리 말한다.

_____

7 그녀는 아름답게 춤을 춘다.

_____

Answers

1. He answered the question kindly.
2. I have a birthday party today.
3. She has straight black hair.
4. I have an early breakfast.

5. Happily, I found my bag.
6. That boy speaks very quickly.
7. She dances beautifully.

빈도부사

🔑 Key Point 기본문형 파악하기

❶ 빈도부사는 일이 얼마나 자주 일어나는지 그 횟수를 나타내는 부사이다.

My father is always busy.

always는 [항상]으로 거의 매일 바쁘다는 뜻이다. 빈도부사가 나타내는 빈도를 순서대로 알아두면 좋다.

always   usually   often   sometimes   seldom   never

자주   결코 안함

❷ 빈도부사는 주로 일반동사 앞이나 be동사와 조동사 뒤에 온다.

We always eat cereal for breakfast. 우리는 항상 아침식사로 시리얼을 먹는다.

Tom is sometimes late for school. 톰은 때때로 수업에 늦는다.

I don't often go to the swimming pool. 나는 수영장에 자주 가지 못한다.

📦 Bonus 확장하기

How often ~? (얼마나 자주 ~?)에 대한 질문에 빈도부사를 이용해서 대답할 수 있다.

예 **How often do you go to the movies?** 너는 얼마나 자주 영화를 보러 가니?

→ **I always go to the movies every Saturday.** 나는 토요일마다 항상 영화를 보러 가.

My father is always busy.
아버지는 항상 바쁘시다.

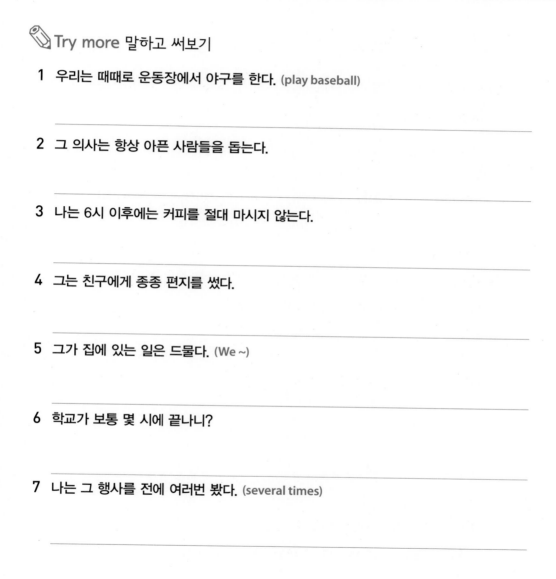

Try more 말하고 써보기

1 우리는 때때로 운동장에서 야구를 한다. (play baseball)

_____

2 그 의사는 항상 아픈 사람들을 돕는다.

_____

3 나는 6시 이후에는 커피를 절대 마시지 않는다.

_____

4 그는 친구에게 종종 편지를 썼다.

_____

5 그가 집에 있는 일은 드물다. (We ~)

_____

6 학교가 보통 몇 시에 끝나니?

_____

7 나는 그 행사를 전에 여러번 봤다. (several times)

_____

Answers

1. We sometimes play baseball on the playground.
2. The doctor always helps sick people.
3. I never drink coffee after 6 o'clock.
4. He often wrote to his friend.

5. We seldom find him at home.
6. What time do you usually finish school?
7. I watched the event several times before.

Let's meet at six o'clock.

There are many buildings in New York.

최강
영작

Key Point

Bonus

Try more

12
전치사

시간의 전치사

🔑 Key Point 기본문형 파악하기

❶ 전치사는 주로 <전치사 + (관사) + 명사>의 형태로 시간, 장소, 방법 등의 정보를 제공해 준다. 시각 앞에 오는 전치사는 at이다.

Let's meet at six o'clock. 6시 정각에 만나자.

❷ 시간을 표현할 때 대표적으로 쓰는 전치사는 다음과 같다.

at(~에) - 시각
in(~에) - 연도, 계절, 월, 긴 시간
on(~에) - 날짜, 요일, 특정한 날(명절 등)

　　㉑ **I get up late on Sundays.** 나는 일요일에는 늦게 일어난다.

　　　➔ 달, 요일, 명절 이름의 첫글자는 항상 대문자로 쓴다.

　　㉑ **My family lived there in 2010.** 우리 가족은 2010년도에 거기서 살았다.

📦 Bonus 확장하기

• 달 이름이 날짜와 함께 나올 때는 on을 쓴다.

<u>On</u> August tenth, we will go camping. 8월 10일에 우리는 캠핑 간다.

• 시간을 나타내는 다른 전치사도 알아둔다.

before 전에	**after** 후에
from ... to ~ ~부터 ...까지	**for** ~동안
during ~동안	

Let's meet at six o'clock.

6시 정각에 만나자.

✏️ Try more 말하고 써보기

1 그럼 다음 주 4시에 보자.

_____

2 우리 크리스마스에 뭐할까?

_____

3 나는 미래에 음악가가 되고 싶다.

_____

4 가을에는 낙엽이 진다. (Leaves ~)

_____

5 학교는 3월에 시작한다.

_____

6 우리는 월요일부터 금요일까지 학교에 간다.

_____

7 비행기 출발 예정시간보다 적어도 두 시간 전에 탑승 수속을 해라. (scheduled flight time)

_____

Answers

1. Then see you at four o'clock next week.
2. What will we do on Christmas?
3. I want to be a musician in the future.
4. Leaves fall in autumn.
5. School begins on March.
6. We go to school from Monday to Friday.
7. Check in at least 2 hours before your scheduled flight time.

장소의 전치사

🔑 Key Point 기본문형 파악하기

❶ 장소와 위치를 나타내는 전치사 중에 많이 나오는 표현이 in과 at이다. in~은 비교적 넓은 장소일 때, at은 비교적 좁은 장소일 때 쓴다.

There are many buildings in New York.

└뉴욕이 넓은 장소이므로 in을 썼다.

❷ ~위에는 on, ~아래는 under를 쓴다.

예 **Many pictures are on the wall.** 많은 그림들이 벽에 걸려 있다.

My teddy bear is under the bed. 내 곰 인형이 침대 밑에 떨어져 있다.

📦 Bonus 확장하기

그 외의 장소와 위치를 나타내는 전치사를 알아둔다.

behind ~뒤에   **in front of** ~앞에

near ~위에   **around** ~주변에

next to ~옆에   **between** ~사이에

There are many buildings in New York.
뉴욕에는 많은 빌딩이 있다.

Try more 말하고 써보기

1 벽에 시계가 있다.

_____

2 사람들이 나무 아래에서 잠을 잔다.

_____

3 보트가 자동차 뒤에 있는 트레일러 위에 실려 있다.

_____

4 가족들은 벽난로 앞에 앉아 있었다. (fireplace)

_____

5 고양이가 소파 옆에 있다.

_____

6 은행은 약국과 서점 사이에 있다. (pharmacy)

_____

7 책상 위의 연필 좀 가져다 줄래? (Could you please ~?)

_____

Answers
1. There is a clock on the wall.
2. The people are sleeping under a tree.
3. The boat is on a trailer behind the car.
4. The family sat in front of the fireplace.

5. The cat is next to the sofa.
6. The bank is between the bookstore and the pharmacy.
7. Could you please get the pencil on the desk?

Tom is older than I.

My little brother is as tall as you.

Mother is the busiest in my family.

I like summer better than winter.

Key Point

Bonus

Try more

13
비교문

비교급 ~er than

🔑 Key Point 기본문형 파악하기

❶ 두 개의 대상이 있을 때 한쪽이 다른 쪽보다 [**더~하다.**]는 뜻의 비교급은 대부분의 형용사에 –er을 붙여서 만든다. 비교급 뒤에 '~보다'의 의미인 than이 와서 [**~보다 ~한**]의 비교문장이 된다.

❷ 비교급 만드는 법을 알아둔다.

   ⓐ 형용사가 자음 + e인 경우에는 –r만 붙인다.
   large ➜ lager, nice ➜ nicer

   ⓑ 자음 + y 인 경우에는 y를 i로 바꾸고 er을 붙인다.
   easy ➜ easier, early ➜ earlier

   ⓒ 단모음 + 단자음인 경우 자음을 한번 더 쓰고 –er을 붙인다.
   hot ➜ hotter, big ➜ bigger

   ⓓ 3음절 이상의 단어에는 형용사 앞에 more를 붙인다.
   beautiful ➜ more beautiful

   ⓔ 불규칙적인 비교급을 알아둔다.
   well, good ➜ better / many, much ➜ more / bad ➜ worse

📦 Bonus 확장하기

more를 사용하는 비교급 중 가장 많이 사용하는 표현은 interesting, beautiful, popular, famous 등이다.

more interesting than… …보다 재미있는

more beautiful than… …보다 아름다운

more famous than… …보다 유명한

more popular than… …보다 인기가 있는

more difficult than… …보다 어려운

Tom is older than I.

톰은 나보다 연상입니다.

상기 표현 이외에는 important (중요한), international (국제적인), useful (도움이 되다) 등이 있다.

✎ Try more 말하고 써보기

1 이 상자는 저 상자보다 더 무겁다.

_____

2 그는 그녀보다 키가 작다.

_____

3 그녀는 나보다 예쁘다.

_____

4 그는 나보다 테니스를 잘 칠 수 있다.

_____

5 이 마을을 저 마을보다 더 작다.

_____

6 비행기는 KTX 열차보다 빠르다.

_____

7 이 책은 저것보다 재미있다.

_____

Answers

1. This box is heavier than that box.
2. He is shorter than she.
3. She is more beautiful than I am.
4. He can play tennis better than I.

5. This town is smaller than that town.
6. The plane is faster than the KTX train.
7. This book is more interesting than that.

as~as 비교문

🔑 Key Point 기본문형 파악하기

❶ 여기서 비교 문장은 [〜만큼 〜하다.]의 as~as 문장이다. 비교 대상이 비슷하거나 같을 때 쓰인다. as와 as 사이에는 형용사(부사)의 원급이 온다. 비교하는 상대는 주격이 주로 오지만 구어에서는 목적격도 사용한다.

My brother is as tall as <u>you</u>.

❷ as 앞에 not을 붙이면 [〜만큼 〜하지 않다.]는 뜻이 된다.

예 **I'm <u>not as</u> tall as my older brother.** 나는 우리 형만큼 키가 크지 않다.

📦 Bonus 확장하기

자주 나오는 표현을 알아둔다. as 와 as의 사이에 가장 많이 오는 말은 tall, old, high이고 그 밖에 large, big, difficult 등도 자주 나온다.

신장이 같을 때는 (as tall as), 연령이 같을 때에는 (as old as), 산 등의 높이가 같을 때에는 (as high as)를 쓴다.

as tall as… …와 같은 키 크기

as old as… …과 같은 연령

as high as… …과 같은 높이

as large (big) as … …과 같은 정도의 크기

as difficult as… …과 같은 정도의 어려움

My little brother is as tall as you.

나의 남동생은 나와 키가 같습니다.

✎ **Try more** 말하고 써보기

1 그녀는 마치 벌처럼 바빴다.

_____

2 그녀는 양처럼 순하다.

_____

3 그녀는 나와 키가 같습니다.

_____

4 그녀는 수잔(Susan)과 같은 나이입니다.

_____

5 이것은 저것보다 10배나 크다. **(ten times)**

_____

6 그의 방은 내 방의 두 배다.

_____

7 그건 보기보다 어렵지 않아요.

_____

Answers

1. She was as busy as a bee.
2. She is as innocent as a lamb.
3. She was as tall as I.
4. She as old as Susan.

5. This is ten times as big as that.
6. His room is twice as large as mine.
7. It's not as difficult as it looks.

최강영작 53 최상급

🔑 Key Point 기본문형 파악하기

❶ 비교급이 두 개의 대상이 있을 때 비교하는 것이라면 최상급은 최소한 3개가 있을 때 [그 중에서 가장 ~하다.]는 것을 나타내기 위해 쓰이는 표현이다. 최상급은 일반적으로 형용사에 -est를 붙이고 형용사 앞에 the를 붙여 표현한다.

Mother is the busiest in my family.

└ 「~ 중에서」는 in ~로 나타낸다.

❷ 부사의 최상급에는 the를 붙이지 않는다.

형용사	가장 키가 크다	**the tallest**
	가장 높은 산	**the highest mountain**
부사	가장 빠르게 달릴 수 있다	**can run fastest**

❸ 철자가 긴 단어의 최상급은 앞에 the most를 두어서 표현한다.

the most important 가장 중요한   **the most popular** 가장 인기가 있는

the most difficult 가장 어려운   **the most beautiful** 가장 아름다운

the most famous 가장 유명한

주의) 최상급이므로 most 앞에 the를 잊으면 안 된다.

📦 Bonus 확장하기

[어느 ~을 가장 좋아합니까?]도 자주 나오는 표현이므로 공식으로 외워둔다.

예 **What (Which) subject do you like (the) best?**
당신은 어떤 과목을 가장 좋아합니까?

→ **I like music (the) best.** 음악을 가장 좋아합니다.

Mother is the busiest in my family.
엄마는 나의 가족 중에서 가장 바쁘다.

✎ Try more 말하고 써보기

1 켄(Ken)은 이 교실에서 가장 키가 큰 소년이다.

_____

2 샐리(Sally)는 4명 중 가장 나이가 어리다.

_____

3 그것은 한국에서 가장 긴 강이다.

_____

4 여름은 가장 더운 계절이다.

_____

5 에베레스트 산은 가장 높은 산이다. (Mt. Everest ~)

_____

6 가장 좋아하는 운동이 뭐니?

_____

7 톰(Tom)은 반에서 가장 빨리 학교에 온다.

_____

Answers
1. Ken is the tallest boy in the class.
2. Sally is the youngest of the four.
3. It is the longest river in Korea.
4. Summer is the hottest season.

5. Mt. Everest is the highest mountain.
6. What sport do you like best?
7. Tom gets to school earliest in his class.

최강영작 54

비교급 better than

Key Point 기본문형 파악하기

❶ **[~쪽이 (보다) 좋다.]**는 like~better를 사용한다. 비교하는 상대 「…보다」는 than…이라고 쓴다.

나는	여름이 (보다) 좋습니다.	겨울보다
↓	↓	↓
I	**like summer better**	**than winter.**

└「~쪽을 보다 한층 좋아하다」는 **(like ~ better)**로 나타낸다.

※ <like ~better than…>을 공식으로 익혀둔다.

❷ 시험에는 「A와 B 중에서 어느 쪽이 좋은가?」라고 묻는 문장이 꼭 나온다.

당신은 A와 B 중에서 어느 쪽을 좋아합니까?

예 **Which do you like better, A or B?**

└ 여기서도 better은 잊기 쉬우므로 주의한다.

Which do you like better, dogs or cats? 당신은 개와 고양이 중에서 어느 쪽이 좋습니까?

➔ **I like dogs better.** 개를 더 좋아합니다.

주의) 답은 I like dogs better than cats. 의 than 이하를 생략한 형식으로 better는 남겨놓아야 한다.

I like summer better than winter.
나는 겨울보다 여름이 좋습니다.

✎ Try more 말하고 써보기

1 나는 배보다 사과가 좋다.

_____

2 커피 드실래요, 차 드실래요? (which ~)

_____

3 나는 테니스보다 야구를 좋아한다.

_____

4 나는 돼지고기보다 쇠고기를 더 좋아한다.

_____

5 학생들은 다른 운동보다 농구를 더 좋아한다.

_____

6 여름과 겨울 중 어느 쪽을 좋아합니까?

_____

7 축구와 야구 중에 어떤 것을 더 좋아하니?

_____

Answers

1. I like apples better than pears.
2. Which one would you like better, coffee or tea?
3. I like baseball better than tennis.
4. I like beef better than pork.
5. The students like basketball better than the other sports.
6. Which do you like better, summer or winter?
7. Which do you like better, soccer or baseball?

I want to go shopping with you.

I'm studying English to go to America.

There are a lot of places to visit in Kyungju.

Does she know how to open this box?

It is good to have a lot of friends.

I was too tired to read it.

We asked her to help us.

 Key Point

 Bonus

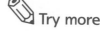 Try more

14

부정사

to 부정사의 명사적 용법

🔑 Key Point 기본문형 파악하기

❶ 동사 원형 앞에 to가 붙은 것을 to 부정사라고 하고 이것이 명사 역할을 하는 것을 「명사적 용법」이라고 한다.

나는	희망한다.	쇼핑하기를	너와
(주어)	(동사)	(희망하다의 목적어)	
↓	↓	↓	↓
I	**want**	**to go shopping**	**with you.**

❷ 부정사의 명사적 용법에서 to 부정사는 주어 역할, 목적어 역할, 보어 역할을 한다.

ⓐ 주어 역할

To play **chess is fun.** 체스를 두는 것은 재미있다.

ⓑ 목적어 역할

I hope to meet my friends soon. 나는 곧 친구들을 만나고 싶다.

ⓒ 보어 역할

My dream is to be a violinist. 내 꿈은 바이올리니스트가 되는 거야.

📦 Bonus 확장하기

want to ~는 주어에 따라서 [~하고 싶어하다.], [~하고 싶다고 생각하다.] 등으로도 표현되므로 잘 알아둔다. [나는 ~하고 싶다고 생각한다.]를 <I think ~.> 로 표현하는 경우가 많으나 이것은 잘못된 표현이다. <I want to ~.> 로 하여야 한다.

➡ 명사적 용법에서는 want to~가 75%로 가장 많이 나오고, like to~ 가 12%. 그밖에 begin(start) to~, try to~ 등이 가끔 나온다.

I want to go shopping with you.
나는 너와 쇼핑을 가고 싶다.

✏️ Try more 말하고 써보기

1 나는 내일 너를 만나고 싶다.

_____

2 나는 손목시계를 사고 싶다.

_____

3 영어를 능숙하게 구사할 수 있을 때까지 공부하고 싶다. (until I am fluent)

_____

4 그는 다시 한 번 그녀를 만나고 싶어했다.

_____

5 나의 취미는 사진을 찍는 것이다.

_____

6 기차로 여행하는 것은 매우 재미있다.

_____

7 나는 피아노를 연주하는 것이 좋습니다.

_____

Answers

1. I want to meet you tomorrow.
2. I want to buy a watch.
3. I want to study English until I am fluent.
4. He wanted to meet her again.
5. My hobby is to take pictures.
6. To travel by train is very fun.
7. I like to play the piano.

to 부정사의 부사적 용법

🔑 Key Point 기본문형 파악하기

❶ to부정사가 [~하기 위해서]라고 해석되고 목적을 나타낼 경우 부사적 용법이다.

나는	영어를 공부하고 있다.	미국에 가기 위해서
⬇	⬇	⬇
I'm	**studying English**	**to go** to America.

┗ 「공부했다」의 목적을 나타내며 「~하기 위해서」는 부정사(**to** + 동사의 원형)로 나타낸다.

❷ 부사적 용업에는 [~하기 위해서]라고 해석되는 목적을 나타내는 경우와 [~해서/ ~하니]라고 해석되는 원인을 나타내는 경우가 있다. 감정을 나타내는 형용사 뒤의 to부정사는 '감정의 원인'을 나타내며, [~해서]라고 해석한다.

She got up early to catch the first train.

그녀는 첫 기차를 타기 위해서 일찍 일어났다. (목적)

I am happy to hear the news.

나는 그 뉴스를 들어서 기쁘다. (감정의 원인)

감정을 나타내는 형용사 : happy, glad, sorry, sad, surprised, excited 등

📦 Bonus 확장하기

시험에 자주 나오는 부정사의 부사적 용법 표현을 알아둔다.

to study English 영어를 공부하기 위하여
to buy a dictionary 사전 사러
to take care of him 그를 돌보기 위해서

➡ 「~하러 가다(오다)」는 go(come) to ~. 부정사가 바로 붙는다.

I'm studying English to go to America.

나는 미국에 가기 위해서 영어를 공부한다.

✎ Try more 말하고 써보기

1 나는 책을 몇 권 빌리기 위해서 도서관에 갔다. (check out)

_____

2 카메론(Cameron) 선생님은 영어를 가르치기 위하여 작년에 서울에 오셨다.

_____

3 나는 프랑스어를 공부하기 위해서 파리에 왔다.

_____

4 나는 파티에서 그를 만나서 기뻤다.

_____

5 저는 야구를 하러 공원에 가려던 참입니다.

_____

6 데이비드(David)는 자신을 돌봐줄 사람이 아무도 없었다. (had no one)

_____

7 누나를 만나러 가도 좋을까요? (May I ~)

_____

Answers

1. I went to the library to check out some books.
2. Last year Miss Cameron came to Seoul to teach English.
3. I came to Paris to study French.
4. I was glad to meet him at the party.
5. I'm going to the park to play baseball.
6. David had no one to take care of him.
7. May I go to see my sister?

부정사의 형용사적 용법

🗝 Key Point 기본문형 파악하기

❶ 문장에서 to부정사가 형용사처럼 앞의 명사나 대명사를 수식하여 [~할,~해야 할]이라고 해석하는 것이 부정사의 형용사적 용법이다.
이 문장에서 주가 되는 부분은 […에 ~가 있다.]이다.

있습니다.   방문할 곳이 많이   경주에는

↓   ↓   ↓

(장소)←(방문하기 위한)

There are   a lot of places <u>to visit</u>   in Kyungju.

❷ <명사 + to부정사 + 전치사>의 구조를 익힌다. to부정사 앞에 쓰인 명사가 전치사의 목적어가 될 경우, to부정사 다음에 전치사를 쓴다.

> **We found a chair to sit on.** 우리는 앉을 의자를 찾았다.

❸ 형용사적 용법의 부정사는 [~하기 위한 …]이지만 [~하는 …], [~하고 싶은 …], [~해야만 하는 …] 등으로도 표현될 수 있다.

work to do 해야만 하는 일

time to read a book 책을 읽는 시간

a thing to show you 당신에게 보이고 싶은 것

📦 Bonus 확장하기

[뭐든지 ~하는 것(사물, 사건)]이라는 표현도 자주 나온다.

something to eat 뭐든 먹을 것

something to do 뭐든 할 것

➜ 의문문, 부정문에서는 anything을 쓴다.

There are a lot of places to visit in Kyungju.
경주에는 방문할 곳이 많이 있습니다.

✎ Try more 말하고 써보기

1 나는 할 일이 많다. **(a lot of things)**

_____

2 너에서 보이고 싶은 사진이 몇 장 있다.

_____

3 미나는 그 질문에 답을 한 첫 번째 학생이었다.

_____

4 나는 뭘 좀 마시고 싶다.

_____

5 나는 쓸 펜을 가지고 있다.

_____

6 이 방에는 마실 물이 없다.

_____

7 그녀에겐 먹을 것이 없다.

_____

Answers

1. I have a lot of things to do.
2. I have some pictures to show you.
3. Mina was the first student to answer the question.
4. I want something to drink.

5. I have a pen to write with.
6. There is no water to drink in this room.
7. She doesn't have anything to eat.

의문사+to부정사

🔑 Key Point 기본문형 파악하기

❶ <의문사+to부정사>는 to 부정사가 의문사와 함께 쓰이는 표현으로 하나의 명사구를 이룬다. 의문사 how + 부정사는 **[～하는 방법]**으로 해석한다.

「이 상자를 여는 방법」 전체가 동사의 목적어가 된다.

<table>
<tr><td>그녀는 알고 있습니까?</td><td>이 상자를 여는 방법을</td></tr>
<tr><td>(일반동사의 현재의문문)</td><td>(know의 목적어)</td></tr>
<tr><td>⬇</td><td>⬇</td></tr>
<tr><td>**Does she know**</td><td><u>**how to open**</u> **this box?**</td></tr>
</table>

❷ what + to부정사는 **[무엇을 ～해야 할지]**라는 뜻의 명사구이다. what to의 뒤에 주로 쓰이는 동사는 do가 많고 그 밖에도 say, buy도 알아두면 좋다.

what to say 무엇을 말하면 좋을지

what to buy 무엇을 사면 좋을지

예 **They asked me what to do.** 그들은 나에게 무엇을 해야 할지를 물었다.

📦 Bonus 확장하기

<의문사 + to 부정사>를 정리해 둔다.

when + to부정사 : 언제 ~할지

where + to부정사 : 어디에서 ~해야할 지

which + to부정사 : 어느 것을 ~해야할 지

✎ **Try more** 말하고 써보기

1 당신은 기타를 연주하는 법을 알고 있습니까?

_____

2 그들은 컴퓨터 사용하는 법을 배웠다. (learn)

_____

3 나는 어떻게 해야 좋을지 모르겠다. (certain)

_____

4 나는 무슨 말을 해야 할지 전혀 모르겠다.

_____

5 나는 언제 가야할지 모른다.

_____

6 나는 어디에서 낚시를 해야 하는지 몰랐다.

_____

7 어느 것을 선택해야 하는지 말해 줘. (Please ~)

_____

Answers

1. Do you know how to play the guitar?
2. They learned how to use the computer.
3. I am not certain what to do.
4. I never know what to say.

5. I don't know when to go.
6. I didn't know where to fish.
7. Please tell me which to choose.

It is ... to ~

🔖 Key Point 기본문형 파악하기

❶ 「친구를 많이 가지는 일은」이 주어인데 주어가 길 경우에 가주어 It을 사용하고 진짜 주어는 문장의 끝에 두는 형태이다.

친구를 많이 가지는 일은	입니다.	좋은 일	
(주어를 가주어 It으로)	(동사)		(진주어)
↓	↓	↓	↓
It	**is**	**good**	**to have a lot of friends.**

❷ It is 다음은 형용사가 와서 <It is + 형용사 + to ~.> 형태가 된다. 명사 fun이 오는 경우도 있는데 fun은 명사이므로「매우 즐겁다」는 a lot of fun으로 나타낸다.

difficult 어렵다   **important** 중요한

interesting 흥미있다   **easy** 쉽다

good 좋다   **fun** 재미있다

📦 Bonus 확장하기

부정사 앞에 <for + 사람>이 오는 형태의 문장의 활용이 많다.

It is... to ~ : ~하는 일은 …이다.

It is... for ___ to ~. : ~하는 일은__에게는 …이다.

⑩ **It is difficult for me to study math.** 수학을 공부하는 것은 내게는 어렵다.

It is good to have a lot of friends.
친구를 많이 가지는 것은 좋은 일입니다.

✎ Try more 말하고 써보기

1 불어를 배우는 것은 어렵다.

_____

2 이 개울을 수영해서 건너기는 불가능하다. **(impossible, creek)**

_____

3 매일 아침 아침을 먹는 것은 중요한 일이다.

_____

4 모든 사람을 만족시키기는 어렵다.

_____

5 나에게 있어서 수영을 하는 것은 즐겁다.

_____

6 남의 약점을 지적하는 것은 쉬운 일이다. **(put one's finger)**

_____

7 난 여기서 공부하는 게 편해. **(It is convenient ~)**

_____

Answers

1. It is difficult to learn French.
2. It is impossible to cross this creek by swimming.
3. It is important to eat breakfast every morning.
4. It is difficult to please everybody.
5. It is fun for me to swim.
6. It is easy to put one's finger on weakness.
7. It is convenient for me to study here.

too... to~

🔑 Key Point 기본문형 파악하기

❶ [매우 ~하므로 … 할 수 없다.]는 <too~ to…>를 활용한다. too의 뒤는 형용사, to의 앞은 동사의 원형이 온다.

나는 너무 피곤했었다.　　그것을 읽기에는

I was too tired　**to read it.**
(형용사)　　　　　↳ 주의) **to~**는 부정사이므로 과거형의 문장에서
　　　　　　　　　　　도 뒤에 따라오는 동사는 원형을 쓴다.

※ too~ to … […하기에는 너무~하다.] ➜ not이 없어도 [~할 수 없다.]는 뜻이 되는 문장인 것에 주의한다.

❷ <too~ to …>는 [너무나 ~하므로 … 할 수 없다.]는 so~that …을 사용하여 <so ~ that 주어 cannot …>으로 바꿀 수 있다.

㈎ I was <u>too</u> tired <u>to</u> read it.
　➜ I was <u>so</u> tired <u>that I couldn't</u> read it.

※ 여기서 to~는 부정사이므로 과거형의 문장에서도 뒤에 따라오는 동사는 원형을 쓰지만 so that 문장에서는 시제에 따른 표현을 써준다.

📦 Bonus 확장하기

too 뒤에 오는 형용사는 tired, busy, old가 많다. 자주 나오는 표현을 알아둔다.

too tired to... 매우 피곤해 있어서 … 할 수 없다.

too busy to... 너무나 바빠서 … 할 수 없다.

too difficult to... 너무나 어려워서 … 할 수 없다.

too old to... 나이를 너무 먹어서 … 할 수 없다.

I was too tired to read it.
나는 매우 피곤했었기 때문에 그것을 읽을 수 없었다.

✏️ Try more 말하고 써보기

1 그녀는 매우 아파서 갈 수 없다. (too ~ to)

_____

2 이 개는 너무 나이를 먹었기 때문에 빨리 달릴 수 없다.

_____

3 그녀는 부끄러워 말도 못한다.

_____

4 나는 너무 바빠서 너를 도와줄 수가 없다.

_____

5 그는 사과하기에는 너무나 자존심이 강했다.

_____

6 그는 수술하기에는 때가 늦었다. (It is ~)

_____

7 그것은 거론할 여지없이 명백하다. (obvious)

_____

Answers

1. She is too sick to go.
2. The dog is too old to run fast.
3. She is too shy to speak.
4. I am too busy to help you.

5. He was too proud to apologize.
6. It is too late to perform an operation on him.
7. It is too obvious to require any argument.

그밖의 **to** 부정사 표현

🔑 Key Point 기본문형 파악하기

❶ ask + 목적어 + to ~ : [···에게 ~하도록 부탁하다.]는 <ask ··· to ~.>

asked him to talk about his country. 그의 나라에 대하여 이야기하여 줄
것을 그에게 부탁하였다.

asked father to take the book with him. 아버지에게 책을 가지고 갈 것
을 부탁하였다.

❷ tell (want) + 목적어 + to ~ : [···에 ~하도록 말하다.]는 <tell ··· to ~.>

🟢 **My father often tells me to study hard.**
아버지는 나에게 열심히 공부하라고 종종 말씀하신다.

❸ want를 사용하는 표현도 tell과 같은 정도로 출제된다.

···에게 ~하고 싶다(고 생각하다)
───────────────────────── **want + 목적어 + to ~**
···이 ~하는 것을 바라다

🟢 **I want you to take a picture for the album.**
나는 당신이 앨범용 사진을 찍기를 원한다.

📦 Bonus 확장하기

원인을 나타내는 부정사 [~해서 기쁘다.]는 be glad to ~

🟢 **I am very glad to see you.** 나는 너를 만나서 기쁘다.

be glad(happy) to ~ 외에도 be surprised to ~ (~해서 놀라다), be sorry to ~
(~해서 미안하게 생각하다), be sad to ~ (~해서 슬프다) 등도 자주 쓰인다.

We asked her to help us.
우리들은 그녀에게 도와줄 것을 부탁하였다.

✏️ Try more 말하고 써보기

1 나는 데이비드(David)에게 그 창을 열도록 부탁하였다.

_____

2 그녀는 줄리(Julie)가 도와주길 원한다.

_____

3 그녀가 내게 당신과 얘기해 보라고 했어요.

_____

4 나는 내 동생이 축구 선수가 되길 바랬다.

_____

5 나는 우리나라에 돌아온 것이 기쁘다.

_____

6 나는 그가 실패했다는 말을 듣고 놀랐다. **(I was surprised ~)**

_____

7 그 소식을 들으니 슬프다.

_____

Answers

1. I asked David to open the window.
2. She wants Julie to help her.
3. She told me to talk to you.
4. I wanted my brother to be a soccer player.

5. I'm glad to be returning to my own country.
6. I was surprised to hear of his failure.
7. I am sad to hear that.

I enjoyed talking with her.

Tom went out without saying good-bye.

Key Point

 Bonus

 Try more

15

동명사

동사의 목적어

🔑 Key Point 기본문형 파악하기

❶ 동명사 또한 부정사와 마찬가지로 동사에 대한 목적으로 올 수 있다. 동명사를 목적어로 취하는 동사를 알아둔다. 문장에서 [～해서 즐거웠다.] = [～하는 것을 즐겼다.]는 의미로 enjoy가 온다.

나는 (주어)	즐겼다. (동사)	그녀와 이야기하는 것을 (목적어)
↓	↓	↓
I	**enjoyed**	**talking with her.**

❷ [～하는 것]은 동명사나 부정사로 나타낼 수 있는데 여기서 동사 enjoy는 동명사를 목적어로 취하는 동사이므로 부정사가 올 수 없다. 그래서 to talk는 틀리는 말이고 talking을 써야 한다.

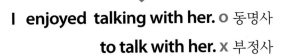

그녀와 이야기 하는 것을

↓

I enjoyed talking with her. o 동명사

to talk with her. x 부정사

📦 Bonus 확장하기

목적어로 동명사를 취하며 부정사를 취하지 않는 동사는 중학교 범위에서는 enjoy, stop, finish가 자주 나온다.

enjoy -ing : ~하면서 즐기다

stop -ing : ~하는 것을 그만두다

finish -ing : ~하기를 마치다

주의) like, love, hate, begin, start는 목적어로 동명사와 부정사 모두 올 수 있으므로 주의한다.

I enjoyed talking with her.
나는 그녀와 이야기하는 것이 즐거웠다.

✎ Try more 말하고 써보기

1 그들은 등산을 즐겨서 한다. (climb mountains)

_____

2 나는 겨울에 친구들과 스키를 즐긴다.

_____

3 그는 숙제를 끝냈다.

_____

4 나는 영어 노래를 부르는 것이 좋다.

_____

5 그녀는 전화로 통화하는 것을 즐긴다.

_____

6 우리는 교실 청소를 끝마쳤다.

_____

7 문 좀 열어 주시겠어요? (Would you ~)

_____

Answers

1. They enjoy climbing mountains.
2. I enjoy skiing with my friends in winter.
3. He finished doing his homework.
4. I like singing English songs.
5. She enjoys talking on the phone.
6. We finished cleaning the classroom.
7. Would you mind opening the door?

전치사의 목적어

🔑 **Key Point** 기본문형 파악하기

❶ 전치사 뒤에는 명사가 와야 하므로 동사는 명사형인 동명사로 표현한다. 아래
예문에서 [~하지 않고]는 전치사 without을 사용하고 뒤에 동명사 saying이
온다.

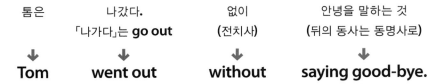

톰은	나갔다. 「나가다」는 **go out**	없이 (전치사)	안녕을 말하는 것 (뒤의 동사는 동명사로)
↓	↓	↓	↓
Tom	**went out**	**without**	**saying good-bye.**

❷ 전치사의 목적어가 되는 동명사는 다음의 숙어표현이 자주 나오므로 꼭 알아
둔다. -ing 대신에 명사가 오는 경우도 있다.

I'm looking forward to -ing ~을 기대하고 있다.

be good at -ing ~를 잘 한다.

be poor at -ing ~를 못한다.

feel like -ing ~하고 싶은 기분이 들다.

be interested in -ing ~에 흥미가 있다.

Thank you for -ing ~해주어서 고맙다.

단독의 전치사에서는 without이 자주 쓰이므로 알아둔다.

예 **She went out of the room without saying a word.**

　　그녀는 한마디도 하지 않고 방에서 나갔다.

📦 **Bonus** 확장하기

동명사의 관용표현으로 [~하러 가다.]고 말할 때는 <go + 동명사>이다.

My father <u>goes fishing</u> every Sunday. 아버지는 일요일마다 낚시하러 가신다.

Tom went out without saying good-bye.

톰은 안녕도 말하지 않고 나갔다.

✏️ Try more 말하고 써보기

1 나는 소풍이 기대된다. **(look forward to)**

_____

2 나는 피자를 먹고 싶다.

_____

3 그녀는 한국 음식을 잘한다.

_____

4 그는 그림 그리기에 관심이 있었다.

_____

5 그 두 사람은 싸우지 않고 만난 적이 없다. **(quarrel)**

_____

6 나를 이해하려고 해줘서 고마워.

_____

7 나는 친구들과 헤엄치러 갔다.

_____

Answers

1. I look forward to going on a picnic.
2. I feel like eating pizza.
3. She is good at cooking Korean food.
4. He was interested in drawing pictures.

5. The two never meet without quarreling.
6. Thank you for trying to understand me.
7. I went swimming with my friends.

The song is loved by young people.

The man standing over there is my father.

This is a letter written in English.

 Key Point

 Bonus

Try more

16
수동태와 분사

수동태

Key Point 기본문형 파악하기

❶ 수동태는 주어가 어떤 행동을 받을 때의 표현으로 [~되고 있다.]로 해석할 수 있다. 가장 기본적인 형태는 <be동사 + 과거분사 + by>이다. by 이하는 중요하지 않을 때는 생략 가능하다.

그 노래는	사랑받고 있다.	젊은 사람들에게
	「~되고 있다」라는 현재 수동태는	(젊은 사람들에 의해서)
	(is (am/are) + 과거분사)로 나타낸다.	
↓	↓	↓
The song	**is loved**	**by young people.**

❷ 현재형에서는 다음 표현들이 많이 나오므로 알아둔다. 불규칙동사의 과거분사형은 write - wrote- written과 같이 불규칙 변화하므로 외워둔다.

is loved(is liked) 사랑받고 있다

is written 씌어져 있다

is spoken 말하여지고 있다

※ be동사 + 과거분사의 형태로 be동사는 주어에 의해서 is/am/are로 바뀐다.

Bonus 확장하기

수동태의 과거 표현은 <be동사과거형 + 과거분사>로 쓰면 된다.
미래형은 <will + be동사원형 + 과거분사>로 쓴다.

예 **The letter was written by me.** 그 편지는 나에 의해 쓰여졌다.
The groundwork will be finished by that time. 기초 공사는 그때까지 끝날 것이다.

The song is loved by young people.

그 노래는 젊은 사람들에게 사랑받고 있다.

Try more 말하고 써보기

1 그녀는 모든 사람에게서 사랑을 받는다.

_____

2 네 생각이 얼굴에 다 쓰여있다.

_____

3 영어는 세계 어느 곳에서든 말하여지고 있다.

_____

4 다음 주에는 벚꽃이 다 져버릴 것이다. **(cherry blossoms)**

_____

5 이 소설은 일인칭 시점으로 쓰여졌다. **(in the first person)**

_____

6 그녀는 부모의 사랑을 듬뿍 받고 있다.

_____

7 우리들의 학교는 30년 전에 세워졌다.

_____

Answers

1. She is loved by everybody.
2. Your idea is written on your face.
3. English is spoken all over the world.
4. Next week the cherry blossoms will be gone.
5. This novel is written in the first person.
6. She is very much loved by her parents.
7. Our school was built thirty years ago.

현재분사

🔑 Key Point 기본문형 파악하기

❶ 문장을 줄여서 사용하기 위해 쓰는 것이 분사구문이다. 현재분사는 <명사 + -ing +어구>로 나타내고 [~하고 있다.]로 해석한다. 아래 문장에서는 「건너 편에 서 있는 남자」가 주어가 된다.

남자는	건너편에 서 있는	이다.	아버지
↓	↓	↓	↓
The man	**standing over there**	**is**	**my father.**

     └ (동사의 **ing**형 + 어구)는 「~하고 있다」의 의미로 뒤에서
       앞의 명사를 수식한다. 이것을 「현재분사의 형용사용법」
       이라고 한다.

❷ 현재분사는 동사의 성격을 가지며 명사의 앞뒤에서 그 명사를 수식한다. 주로 나오는 표현을 알아둔다.

the man sitting on the chair 의자에 앉아 있는 남자

the girl wearing glasses 안경 쓴 소녀

the boy reading a book 독서를 하고 있는 소년

the man crossing the street 길을 건너는 사람

the girl playing the piano 피아노를 치고 있는 소녀

📦 Bonus 확장하기

현재분사가 단독으로 명사를 수식할 경우는 명사 앞에 둔다. 그러나 분사가 'those, all, one'을 수식할 경우는 분사가 단독일지라도 뒤에서 수식한다.

barking dogs 짓는 개들

All (who are) dying 모든 죽어가는 사람들

The man standing over there is my father.
건너편에 서있는 남자는 나의 아버지시다.

✏️ Try more 말하고 써보기

1 왼쪽에 앉아 있는 남자는 안경을 끼고 있다.

_____

2 책을 읽고 있는 소년이 내 아들이다.

_____

3 저 강에서 헤엄치고 있는 소년은 누구입니까?

_____

4 개를 뒤쫓고 있는 소년은 민수이다. (run after)

_____

5 나는 똑같은 갈색 치마와 흰 셔츠를 입은 몇몇 학생들을 보았다.
(identical brown skirts and white shirts)

_____

6 피아노를 치고 있는 소녀는 나의 여동생이다.

_____

7 저 건너편에 서있는 소녀를 어떻게 생각하느냐?

_____

Answers

1. The man sitting on the left is wearing glasses.
2. The boy reading a book is my son.
3. Who is the boy swimming in that river?
4. The boy running after the dog is Minsu.
5. I saw some students wearing identical brown skirts and white shirts.
6. The girl playing the piano is my sister.
7. What do you think of the girl standing over there?

과거분사

🔑 Key Point 기본문형 파악하기

❶ 과거분사의 형용사적 용법은 <과거분사 + 어구>로 앞의 명사를 수식하고 [〜되어져 있다, 〜되었다.]로 해석한다.

이것은	이다.	영어로 써진 편지
(주어)	(동사)	(보어)
⬇	⬇	⬇
This	**is**	**a letter written in English.**

❷ 과거분사 뒤에 뒤따르는 어구가 있으면 수식하는 명사의 뒤에 놓이게 된다. [〜되어져 있는…], [〜된 …]으로 해석한다.

a book written in English 영어로 써진 책

a brother called Tom 톰이라고 불리는 남동생

a watch made in Korea 한국제 시계

the novel written by him 그가 쓴 소설

※ 과거분사 앞에 <관계대명사 + be동사>를 보충해 보면 그 의미를 더욱 명확히 알 수 있다.

> **a watch made in Korea** 한국제 시계
> ➜ **a watch which was made in Korea**

📦 Bonus 확장하기

과거분사가 단독으로 명사를 수식하면 명사 앞에 오게 된다.

예 **We often use this expression in spoken English.**
우리는 흔히 이 표현을 구어체 영어로 사용한다.

This is a letter written in English.
이것은 영어로 써진 편지이다.

✎ Try more 말하고 써보기

1 그는 그 일들을 하지 않은 채 남겨 두었다.

_____

2 헤밍웨이가 쓴 그 소설은 재미있다.

_____

3 호주에서 쓰이는 언어는 영어이다. (language)

_____

4 나는 어제 내게 온 편지를 뜯지도 않았다.

_____

5 부상당한 군인들은 병원으로 후송되었다. (The wounded soldiers ~)

_____

6 톰(Tom)과 잭(Jack)이라는 이름의 두 형제가 있었다.

_____

7 프랑스(France)에 관하여 써진 책을 읽은 일이 있습니까?

_____

Answers
1. He left those things undone.
2. The novel written by Hemingway is interesting.
3. The language spoken in Australia is English.
4. I didn't open the letter sent to me yesterday.
5. The wounded soldiers were carried to the hospital.
6. There were these brothers called Tom and Jack.
7. Have you ever read a book written about France?

My sister has been sick since last week.
I have seen this movie before.
My father has just washed the car.

 Key Point

 Bonus

Try more

17

현재완료

현재완료 계속 용법

🔑 Key Point 기본문형 파악하기

❶ 과거에 시작된 일이 현재까지 계속 영향을 미칠 때 현재완료를 사용하고 형태는 <have (has) + 과거분사>이다. [(…부터) 쭉 ～ 인 상태이다.]는 과거에 시작된 행동이 현재까지 지속되는 현재완료의 계속 용법이다. 문장에서 '지난주부터 계속 몸이 안 좋다'는 과거의 어느 시점에서(여기서는 지난주) 현재까지 어떤 상태(여기서는 병에 걸림)가 쭉 계속되고 있으므로 현재완료의 계속적 용법이다.

나의 여동생은	쭉 몸이 안 좋다.	지난주부터
↓	↓	↓
My brother	**has been sick**	**since last week.**

❷ […동안 (쭉) ～인 상태다.]도 현재완료의 계속적 용법.

～부터(계속) ～이다	have + 과거분사 + since 과거시점
～동안(계속) ～이다	have + 과거분사 + for 기간
얼마나 오래?	How long～?
지금까지	so far

주의) 「～부터」는 현재완료문장에서는 from이 아니라 since를 쓴다.

📦 Bonus 확장하기

[…한 후 ○년이 되다.]와 같이 표현되는 경우가 많은 때 이때도 <전치사 for + 기간>으로 표현한다.

그는 한국에 온 지 1년이 된다. **➜ He has been in Korea for a year.**
그는 1년간 쭉 한국에 있다.

오랜만이군요. **➜ I haven't seen(met) you for a long time.**
저는 오랫동안 계속 당신을 못 만났습니다.

My sister has been sick since last week.
나의 여동생은 지난주부터 쭉 몸이 안 좋다.

✎ Try more 말하고 써보기

1 나는 영어를 10년 동안 공부하고 있다.

_____

2 나는 이 책을 두 시간 동안 읽고 있습니다.

_____

3 나는 그녀를 3년 동안 못 만났다.

_____

4 과학자들은 수 세기 동안 그 문제를 풀고자 노력해오고 있다. **(for centuries)**

_____

5 그는 얼마나 오랫동안 아픈 상태니?

_____

6 나는 그를 안 지 5년 반이 된다.

_____

7 그들은 지금까지 3번의 콘서트를 공연한 상태이다. **(so far)**

_____

Answers

1. I have studied English for ten years.
2. I have been reading this book for two hours.
3. I haven't seen her for three years.
4. Scientists have been trying to solve the problem for centuries.

5. How long has he been sick?
6. I have known him for five and a half years.
7. They have performed three concerts so far.

177

현재완료 경험 용법

🔑 Key Point 기본문형 파악하기

❶ 현재완료의 경험은 [~**한 적이 있다.**]로 해석되며 지금까지의 경험을 말한다. ever, never, once, many, time, before 등이 함께 쓰인다. <have(has) + 과거분사>로 쓴다. [**본 적이 있다.**]는 표현은 have seen이다.

나는	본 적이 있다.	이 영화를	전에
⬇	⬇	⬇	⬇
I	**have seen**	**this movie**	**before.**

❷ 의문문일 때는 have를 주어 앞에 둔다.

> 예 **Have you ever been to Busan?** 너는 부산에 가본 적이 있니?

> 부정문) **I have never seen such beautiful flowers.** 나는 그렇게 예쁜 꽃들을 본 적이 없다.
> 주어가 3인칭 단수라면 has를 쓴다. 「지금까지」라는 의미의 ever이다. 부정문에서는 never를 쓴다.

📦 Bonus 확장하기

현재완료 경험 용법에서 자주 나오는 표현을 알아둔다.

have been to~ ~에 간 적이 있다

have seen~ ~를 본 적이 있다

have written 쓴 적이 있다

have read 읽은 적이 있다

(여기서 **read**는 과거분사)

I have seen this movie before.
나는 전에 이 영화를 본 적이 있다.

✎ Try more 말하고 써보기

1 톰(Tom)은 유럽(Europe)에 세 번 간 적이 있다. (three times)

_____

2 너는 지금까지 프랑스(France)에 가본 적이 있니?

_____

3 거기에는 여러 번 간 적이 있어.

_____

4 너는 볼링을 해본 적이 있니? (bowling)

_____

5 여기에 온 지 얼마나 되었니?

_____

6 너 기타 연주해 본 적 있니?

_____

7 나는 비행기를 타고 여행해 본 적이 없다.

_____

Answers
1. Tom has been to Europe three times.
2. Have you ever been to France?
3. I have been there many times.
4. Have you ever tried bowling?
5. How long have you been here?
6. Have you ever played guitar?
7. I've never traveled by plane.

현재완료 완료 용법

🔑 **Key Point** 기본문형 파악하기

❶ [(지금 막) ~를 끝낸 참이다.]는 의미의 현재완료의 완료 용법은 just, already, yet. today 등과 같이 쓰이는 경우가 많다.

아버지는   지금 막   세차를 끝냈다.
⬇   ⬇   ⬇

My father   has just   washed the car.

※ 과거에 시작한 「차를 세차한다.」는 동작이 현재는 이미 완료가 되어있으므로 현재완료의 「완료」로 나타낸다.

❷ [(벌써) ~해 버렸다.]도 현재완료의 완료 용법이다.

have (just) washed (지금 막) 씻은 참이다.
have (already) washed (벌써) 다 씻어 버렸다.

• 이미   긍정문 ➜ **already**
       의문문 ➜ **yet**

의문문의 yet은 '이미(벌써)'로 해석하고, 부정문의 yet은 '아직'으로 이해하면 편하다. 의문문에서는 보통 yet을 문말에 둔다.

㉘ **Have you washed the car yet?** 당신은 벌써 차를 다 닦으셨습니까?

• 아직 ~않다   부정문 ➜ **not ~ yet**

㉘ **I have __not__ washed the car yet.** 나는 아직 차를 다 닦지 않았습니다.

📦 **Bonus** 확장하기

현재완료의 본질은 과거의 어떤 때부터 지금까지의 의미이므로 확실한 과거를 나타내는 yesterday나 ago 등은 현재완료와 함께 쓰이지 않는다.

My father has just washed the car.
아버지는 지금 막 세차를 끝냈다.

✏️ Try more 말하고 써보기

1 그들은 그들의 고국으로 가버렸다. (home land)

_____

2 그녀는 한때 영국에 있었던 적이 있다.

_____

3 벌써 숙제는 끝났어?

_____

4 아직 숙제가 끝나지 않았어.

_____

5 그녀는 전 세계를 두루 여행했다.

_____

6 누군가 창문을 깨버렸다.

_____

7 나는 그들에게 아직 그 사고에 대해서 말하지 않았다. (the accident)

_____

Answers

1. They have gone to their home land.
2. Once she has been in England.
3. Have you finished your homework yet?
4. I have not finished my homework yet.

5. She has been all over the world.
6. Some has broken the window.
7. I haven't told them about the accident yet.

There is a strange bird which can't fly.
Gordon will visit his aunt who lives in Chicago.
I will show you the pen which I bought in America.
I came across a man that was tall and slim.
I have a friend whose father is a doctor.

18

관계대명사

최강영작
70

관계대명사의 주격 which

🔑 Key Point 기본문형 파악하기

❶ 관계대명사 which가 이끄는 절에서 which가 주어 역할을 한다. 관계대명사
바로 뒤에 동사가 오면 그 관계대명사는 주격이라고 생각하면 된다. 관계대명
사의 주격은 선행사가 <물건이나 동물>이면 which를 사용한다.

있습니다.	이상한 새가	나는 일이 불가능한
(~가 있다)		(주어) '날지 못하는'이 '이상한 새'를 수식
↓	↓	↓
There is	**a strange bird**	**which** **(it) can't fly.**
	└ 선행사-동물	└ 주어의 역할-관계대명사는 주격

❷ 관계대명사 which가 주격일 때는 인칭이나 수를 선행사에 맞춰야 한다는 점
을 꼭 기억해 둔다. which는 선행사가 어떤 것이든 사용할 수 있는 that으로
써도 된다.

> 예 **This is the book <u>which is</u> very interesting.** 이 책은 아주 재미있다.
> **These are the books <u>which are</u> very interesting.** 이 책들은 아주
> 재미있다.

There is a strange bird which can't fly.
날지 못하는 이상한 새가 있습니다.

✎ Try more 말하고 써보기

1 나는 하얀색 지갑을 가지고 있다.

_____

2 하늘을 날고 있는 학은 아름다웠다. **(the cranes)**

_____

3 그는 아침 7시 40분에 역을 출발하는 지하철을 탄다.

_____

4 이것은 중국에서 만들어진 가짜 가죽 가방이다. **(fake leather bag)**

_____

5 털 안감이 있는 이 코트를 입어보세요. **(a fur lining)**

_____

6 그녀는 아이들을 특히 좋아하는 고양이를 가지고 있다.

_____

7 그것은 이른 봄에 날아오는 예쁜 새다.

_____

Answers

1. I have a wallet which is white.
2. The cranes which were flying in the sky were beautiful.
3. He takes the train which leaves the station at seven forty in the morning.
4. This is the fake leather bag which was made in China.
5. Please try on the coat which has a fur lining.
6. She has a cat which especially likes children.
7. It is a pretty bird which comes in early spring.

관계대명사의 주격 **who**

 Key Point 기본문형 파악하기

❶ 관계대명사 who는 who가 이끄는 절에서 주어 역할을 한다. who 앞에 오는 선행사가 사람일 때 사용한다.

고든은	방문할 예정입니다.	시카고에 살고 있는 아주머니
(주어)	(동사)	(목적어)
		「시카고에 살고 있는」이 「아주머니」를 수식
↓	↓미래형	↓
Gordon	**will visit**	**who lives in chicago.**

❷ <선행사 + who + 동사>에서 동사의 수와 인칭은 who 앞에 있는 선행사에 일치시킨다.

> 예 **I like the <u>guy</u> who <u>is</u> handsome.** 난 잘생긴 저 남자가 좋다.
>
> **I like the <u>guys</u> who <u>are</u> hansome.** 난 잘생긴 저 남자들이 좋다.

Bonus 확장하기

관계대명사의 주격은 선행사에 의해서 who와 which를 나누어 사용한다.

선행사	관계대명사(주격)
사람	**who**
사물/ 동물	**which**
양쪽 다	**that**

※ who, which는 조건이 없으면 that으로 바꿔 쓸 수 있다.

Gordon will visit his aunt who lives in Chicago.
고든은 시카고에 살고 있는 아주머니를 방문할 예정입니다.

✏️ **Try more** 말하고 써보기

1 나는 너를 좋아하는 한 남자를 알고 있어.

_____

2 나는 노래를 부르는 한 여자를 보았다.

_____

3 너는 도서관 앞을 걷고 있는 저 소년을 알고 있니? **(Do you know that ~)**

_____

4 나는 목공을 좋아하는 한 아저씨를 안다.

_____

5 그것을 쓴 사람은 피터(Peter)이다.

_____

6 너는 영국에서 온 그 소년을 보았어?

_____

7 지금 우리 쪽으로 달려오고 있는 저 여자아이가 내 여동생이야.

_____

Answers

1. I know a man who likes you.
2. I saw a girl who was singing.
3. Do you know that boy who is walking in front of the library?
4. I know an uncle who likes doing woodwork.
5. The man who wrote is Peter.
6. Do you saw the boy who came from England?
7. That girl who is running toward us is my sister.

관계대명사의 목적격
which, whom

🔑 **Key Point** 기본문형 파악하기

❶ <관계대명사 which>가 이끄는 절에서 which가 목적어 역할을 한다. 관계사 절에서 동사가 타동사이면서도 목적어가 없다면 관계대명사가 그 목적어의 역할을 하는 것이라고 생각하면 된다.

나는	보여줄 것이다.	너에게	펜을	내가 미국에서 산
(주어)	(동사)	(목적어) (사람)	(목적어)(사물)	
↓	↓	↓	↓	↓
I	**will show**	**you**	**the pen**	**which I bought (it) in America.**

선행사 ➡ 물건　　목적어 역할 ➡ 관계대명사는 목적격

➡ 「내가 미국에서 산」이 「펜을」수식한다.

❷ 선행사가 사람일 때는 whom을 쓴다. 관계대명사 목적격 which 대신 that을 써도 좋으며, 목적격이므로 생략도 가능하다.

선행사	주격	목적격
사물, 동물	**which**	**which**
사람	**who**	**whom**
모두 사용가능	**that**	**that**

📦 **Bonus** 확장하기

관계대명사의 목적격은 생략 가능하지만 전치사의목적어로 쓰이는 경우는 생략이 불가능하다.

예 **He is the man <u>to whom</u> I want to talk.** 그는 내가 얘기하고 싶은 남자이다.

I will show you the pen which I bought in America. 내가 미국에서 산 펜을 너에게 보여줄게.

✏️ Try more 말하고 써보기

1 이것이 아버지가 인용한 사전이다. **(dictionary)**

_____

2 이것은 내 돈으로 산 휴대폰이다.

_____

3 이것은 나의 아저씨가 지난 달에 준 개이다.

_____

4 나는 아르바이트 해서 번 돈으로 이 치마를 샀어.

_____

5 브라이언(Brian)은 우리가 기다리고 있는 바로 그 남자이다.

_____

6 나는 선생님이 찍은 사진을 보았다.

_____

7 나는 오프라 윈프리가 쓴 책을 찾고 있다. **(Oprah Winfrey)**

_____

Answers

1. This is the dictionary which my father used.
2. This is the cellular phone which I bought with my own money.
3. This is the dog which my uncle gave to me last month.
4. I bought this skirt with money which I earned at a part-time job.
5. Brian is the very man whom we are waiting for.
6. I saw some pictures which our teacher took.
7. I'm looking for a book which Oprah Winfrey wrote.

최강영작 73 관계대명사 **that**

🔑 Key Point 기본문형 파악하기

❶ 관계대명사 that은 여러 가지로 편리하게 쓸 수 있다. 관계대명사 who와 which는 선행사가 사람이냐 사물이냐에 따라 골라써야 한다. 그러나 that은 선행사가 사람이거나 사물이거나 아무 때나 쓸 수 있으며 대명사의 격이 주격이든 목적격이든지 상관없이 쓸 수 있다.

I came across a man. He was tall and slim.

➔ **I came across a man that(=who) was tall and slim.**

The woman is my sister. I will introduce to you.

➔ **The woman that(=whom) I will introduce to you is my sister.**

❷ 관계대명사 that은 대부분 사용하지만 소유격을 대신해서는 쓸 수 없다. 관계대명사 that이 전치사의 목적어일 경우 전치사를 that 앞에 놓을 수 없다. 단, 전치사를 뒤로 보냈을 때는 that을 쓸 수 있다.

This is the song. I told you about the song before.

➔ **This is the song <u>which</u> I told you about before. (o)**

➔ **This is the song <u>that</u> I told you about before. (o)**

➔ **This is the song <u>about which</u> I told you before. (o)**

➔ **This is the song <u>about that</u> I told you before. (x)**

📦 Bonus 확장하기

선행사에 최상급이나 서수가 올 때, all every, the same, the only 등이 올 때는 반드시 that을 쓴다.

I came across a man that was tall and slim.
나는 우연히 키 크고 날씬한 남자를 봤어.

✎ Try more 말하고 써보기

1 네가 그녀를 위해 할 수 있는 것들을 찾아봐.

_____

2 이것은 내가 해본 컴퓨터 게임 중 최고야.

_____

3 그가 문을 잠갔던 소년이다.

_____

4 이것은 지금 유행 중인 최신 스타일이야. (the latest style)

_____

5 내가 알고 있는 모든 사람은 남자들이다.

_____

6 나는 '용기'라고 불리는 겁쟁이 개를 키우고 있다.

_____

7 그는 지금까지 살았던 가장 위대한 음악가이다. (greatest musician)

_____

Answers

1. Try to find the things that you can do for her.
2. This is the best computer game that I've ever played.
3. He is the boy that locked the door.
4. This is the latest style that is in fashion now.
5. Everybody that I know is men.
6. I own the cowardly dog that is called 'Courage'.
7. He is the greatest musician that has ever lived.

관계대명사의 소유격

🔑 Key Point 기본문형 파악하기

❶ 관계대명사가 주격이나 목적격이 아니라 소유격이 되어야 할 경우가 있다. 이 때는 of which나 whose를 쓴다.
예문에서 '(그의) 아버지가 의사인 친구'이므로 whose를 사용한다.

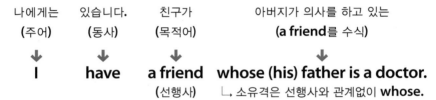

나에게는	있습니다.	친구가	아버지가 의사를 하고 있는
(주어)	(동사)	(목적어)	(a friend를 수식)
↓	↓	↓	↓
I	**have**	**a friend**	**whose (his) father is a doctor.**
		(선행사)	└ 소유격은 선행사와 관계없이 **whose.**

❷ 소유격 관계대명사의 차별화된 특징은 관계대명사 뒤에 나오는 절, 즉 관계대 명사절이 주어, 동사, 목적어, 보어가 완전한 문장으로 나온다는 점이다. 현대 영어에서는 사람 사물 가리지 않고 of which = whose 로 바꿔 쓸 수 있지만 한 가지 주의할 점은 whose는 형용사 역할을 하기 때문에 관사를 빼고 쓰고 of which 뒤에 일반 명사가 나올 때는 꼭 관사를 챙겨서 넣어줘야 한다.

(예) **Anne lives in the house <u>of which</u> the roof is green.**

→ **Anne lives in the house <u>whose</u> roof is green.**
앤은 초록색 지붕의 집에서 산다.

📦 Bonus 확장하기

whose에 붙는 명사는 name, eyes, hair, roof 등이 시험에 자주 나온다.

(예) **a boy whose name is Tom** 톰이라는 이름의 소년
a girl whose hair is long 머리가 긴 소녀

I have a friend whose father is a doctor.
나에게는 아버지가 의사인 친구가 있다.

✎ Try more 말하고 써보기

1 나는 어머니가 선생님을 하고 있는 소년을 알고 있다.

_____

2 머리를 노란색으로 염색한 그 사람을 말하는 거니? **(Do you mean ~?)**

_____

3 지붕이 빨간 저 집이 나의 할아버지의 집입니다.

_____

4 그 사람이 바로 시계가 고장난 사람이다.

_____

5 이것은 화면이 단단한 휴대폰이야.

_____

6 단추가 사라진 이 재킷 좀 봐.

_____

7 시간만큼 낭비하기 쉬운 것은 없다. **(wasteful)**

_____

Answers

1. I know the boy whose mother is a teacher.
2. Do you mean the one whose hair is dyed yellow?
3. That house whose roof is red is my grandfather's.
4. He is the man whose watch was broken.
5. This is the cellular phone of which the screen is hard.
6. Look at the jacket whose buttons are already missing.
7. There are few things of which we are apt to be so wasteful as time.

Jane is so kind that we like her.
I am interested in American sports.
He is good at speaking English.

19
알아두어야 할 숙어표현

so~that

🔑 Key Point 기본문형 파악하기

❶ [매우 ~하여서 …]는 <so ~ that …>으로 표현된다. so의 뒤는 형용사, that의
뒤는 문장이 온다.

제인은 매우 친절하므로 　　　　　 우리들은 그녀를 좋아한다.

　　⬇ (형용사) 　　　　　　　　⬇ (문장)

Jane is so kind　　that　　we like her.

주의) [매우]이므로 very라고 하지 않는다. <so ~ that …>을 공식으로 외운다.

❷ so의 뒤는 형용사가 많지만 부사나 명사도 나온다.

형용사) **He ran <u>so fast that</u> he could catch the bus.**

　　　　그는 매우 빨리 달리므로 버스를 잡을 수 있었다.

명사) **There were <u>so many people that</u> I lost my son.**

　　　매우 많은 사람이 있었으므로 나는 아들을 잃어버렸다.

📦 Bonus 확장하기

[매우 ~하므로 … 할 수 없었다.]의 표현도 알아둔다. 이런 의미는 <too ~ to …>
로도 바꿔쓸 수 있다.

나는 매우 피곤했었기 때문에 엄마를 도울 수 없었다.

예 **I was so tired that I couldn't help mother.**
　 → I was too tired to help mother.

Jane is so kind that we like her.

제인은 매우 친절하여서 우리들은 그녀를 좋아한다.

✏️ Try more 말하고 써보기

1 네 질문은 너무 어려워서 나는 대답할 수가 없다.

_____

2 그녀는 그렇게 열심히 연습해서 게임에 이길 수 있었다. (practice)

_____

3 그는 그것을 사지 못할 만큼 가난하지는 않다.

_____

4 어찌나 우스운지 웃음을 참을 수가 없었다.

_____

5 매우 많은 사람들이 있어서 나는 엄마를 찾을 수 없었다.

_____

6 그가 말을 지나치게 빠르게 했기 때문에 누구도 알아들을 수가 없었다.

_____

7 그는 사과하기에는 너무나 자존심이 강했다. (too ~ to)

_____

Answers
1. Your question is so difficult that I can't answer it.
2. She practiced so hard that she could win the game.
3. He is not so poor that he cannot buy it.
4. It was so funny that I could not help laughing.
5. There were so many people that I could not find my mom.
6. He spoke so fast that nobody could understand.
7. He was too proud to apologize.

be interested in~

🔑 Key Point 기본문형 파악하기

❶ [~에 흥미가 있다.]는 <be interested in~.>이다. interesting으로 하면 안 된다. 숙어표현으로 외워두는 것이 좋다.

나는 흥미가 있다.　　　　　미국의 스포츠
↓　　　　　　　　　　↓
I am interested　in American sports.

※ be동사는 주어에 맞추고 미국의 스포츠 전체를 가리키고 있으므로 복수형을 쓴다. 흥미가 없다고 할 때는 be not interested in~이라고 쓰면 된다.

❷ [~에 흥미가 있다.]는 [~에 흥미를 가지고 있다.]라고 표현할 수 있는 <have an interest in~>으로도 바꿔쓸 수 있다. 여기서 interest는 명사이다.

[나에게 있어서 영어는 재미있다.]는 2가지로 영작이 가능하다.

→ **I** am interested in **English.**

→ **English** is interesting to **me.**

❸ 부정문은 interested 앞에 not을 써서 표현한다.

例 **I am not interested in soccer.** 나는 축구에 관심이 없다.

📦 Bonus 확장하기

be interested in -ing의 표현도 알아둔다.

나는 영어로 편지를 쓰는 일에 흥미를 가지고 있습니다
例 **I am interested <u>in writing</u> letters in English.**
　　　　　　　└, 전치사 뒤이므로 동명사를 쓴다.

I am interested in American sports.
나는 미국의 스포츠에 흥미가 있다.

✏️ Try more 말하고 써보기

1 그녀는 컴퓨터로 일하는 데 관심이 있다.

_____

2 그녀는 운동에는 흥미가 없다.

_____

3 나는 심리학에도 관심이 아주 많다. (psychology)

_____

4 그는 사실은 수영에 별로 흥미가 없었다.

_____

5 당신은 어떤 음악에 흥미가 있습니까?

_____

6 나는 클래식 음악에 아주 흥미가 있다. (classical music)

_____

7 그는 학교의 새 도서관에 관심이 없다.

_____

Answers

1. She's interested in working with computers.
2. She is not interested in sports.
3. I am very interested in psychology.
4. He wasn't really interested in swimming.
5. What music are you interested in?
6. I'm very interested in classical music.
7. He is not interested in the new school library.

최강영작
77

be good at ~

🔑 **Key Point** 기본문형 파악하기

❶ 잘 하는 것을 말할 때 간편하게 쓸 수 있는 표현으로 be good at ~ [**~를 잘한다. ~가 특기이다.**]가 있다. be동사는 주어, 시제에 맞추어 써주고 at 뒤에는 명사나 동명사가 온다.

그는	~가 특기이다.	영어로 말하기
⬇	⬇	⬇
He	**is good at**	**speaking English.**

└ 영어로 말하는 일 ➡ 동명사로 나타낸다.

❷ 잘 못한다고 할 때는 good 앞에 not을 넣어 표현하면 된다.

예 **I'm not good at speaking English.** 난 영어를 잘 하지 못한다.

❸ [**~가 능숙하다.**]는 3가지 표현방법이 있다.

그녀는 테니스를 잘 합니다.

➜ **She is good at playing tennis.**

➜ **She plays tennis well.**

➜ **She is a good tennis player.**

📦 **Bonus** 확장하기

못하는 것에 대해 묻고 답할 때는 <be poor at ~>을 쓰면 된다.

예 **I am poor at drawing.** 나는 그림을 못 그린다.

He is good at speaking English.
그는 영어로 말을 잘한다.

✎ **Try more** 말하고 써보기

1 내 여동생은 그림을 잘 그린다.

_____

2 그는 수영을 잘 한다.

_____

3 나는 운전을 잘 한다.

_____

4 할머니는 요리를 잘 하신다.

_____

5 그는 전 과목을 잘하지만 특히 영어를 잘한다.

_____

6 나는 내 감정 표현을 잘 못한다. **(expressing my emotions)**

_____

7 나는 컴퓨터가 서툴다.

_____

Answers

1. My sister is good at painting pictures.
2. He is good at swimming.
3. I am good at driving.
4. My grandmother is good at cooking.

5. He is good at all subjects, especially at English.
6. I'm not very good at expressing my emotions.
7. I'm poor at computers.

Look at the first chapter.

20
숫자 표현

1. 기수와 서수

최강영작 **78**

기수와 서수

🔑 **Key Point** 기본문형 파악하기

❶ 하나, 둘, 셋과 같이 개수를 나타내는 표현은 기수, 첫째, 둘째, 셋째와 같이 순서를 나타내는 말을 서수라고 한다.

Look at <u>the first</u> chapter.
ㄴ 첫 번째 장을 말하므로 서수 표현을 써준다.

❷ 숫자를 나타내는 기수와 서수는 명사 앞에 와서 사물이나 사람의 수를 나타내는 형용사 역할을 하기도 한다. 이때 뒤에 오는 명사에 주의한다.

예 **I have five books in my bag.** 나는 가방에 다섯 권의 책을 가지고 있다.
➡ 하나(one)가 넘는 숫자 뒤의 명사는 복수형이 되어야 한다.

예 **I am the second child.** 나는 둘째이다.
➡ 두 번째 이상의 서수가 명사를 수식하더라도 명사는 단수형으로 쓴다.

📦 **Bonus** 확장하기

숫자를 바르게 읽고 사용하는 방법을 알아둔다.

ⓐ **전화번호** : 한 자리씩 읽는다.
　　　3102-5649 : three one oh(zero) two, five six four nine

ⓑ **연도** : 두 자리씩 끊어서 읽는다. 단 2000년부터 2009년까지는 일반 숫자처럼 읽는다.
　　　1910 nineteen ten 2005 two thousand (and) five

ⓒ **날짜** : 날짜에서 일은 서수나 기수로 읽을 수 있다.
　　　12월 5일 : December (the) fifth
　　　　　　December five
　　　　　　the fifth of December

Look at the first chapter.
첫 번째 장을 보세요.

ⓓ **분수** : 분수에서 분자는 기수로, 분모는 서수로 읽는다.
1/4 : one fourth, 4/5 : four fifths

✎ **Try more** 말하고 써보기

1 그 소년은 일곱 살이다.

_____

2 이 책은 10달러이다.

_____

3 그녀는 아들이 두 명 있다.

_____

4 필통에 연필 세 자루가 있다.

_____

5 크리스마스는 12월 25일이다.

_____

6 엄마 생신은 7월 12일이다.

_____

7 두 번째 그림을 보세요.

_____

Answers

1. The boy is seven years old.
2. This book is ten dollars.
3. She has two sons.
4. There are three pencils in the pencil case.
5. Christmas is December 25th.
6. My mom's birthday is July 12th.
7. Look at the second picture.